TOMO I

Lecturas de Poesía Clásica

De Mesopotamia a la Edad Media

D.R. © CIDCLI, SC

Av. México 145–601, Col. del Carmen, Coyoacán, C.P. 04100, México, D.F.

Esta primera edición se coedita con la

Dirección General de Publicaciones del Consejo Nacional para la Cultura y las Artes

Primera edición, noviembre, 2000

ISBN: 968-494-098-x

ISBN: 970-18-55840-1   Consejo Nacional para la Cultura y las Artes

Selección de texto, prólogo y notas: Francisco Serrano

Asistente: David Hernández

Ilustraciones: Leonid Nepomniachi

Coordinación editorial: Rocío Miranda

Cuidado de la edición: Elisa Castellanos

Diseño gráfico: Rogelio Rangel, Evangelina Rangel

Impreso en México / *Printed in Mexico*

TOMO I

Lecturas de Poesía Clásica

De Mesopotamia a la Edad Media

Selección, presentación y notas
de Francisco Serrano

Índice

Presentación

A LOS LECTORES

Para expresar sus pensamientos más elevados, sus emociones más intensas, sus sentimientos más sutiles, los seres humanos, en casi todas las épocas y culturas, han recurrido a la poesía. La poesía es una de las formas más perfectas de comunicación que conocemos los hombres. Los poetas, los verdaderos poetas, cuando escriben, hablan de cosas que nos incumben a todos, que nos conciernen esencialmente: el amor, el fervor, la amistad, la vida de los otros, hombres y mujeres, nuestros semejantes. Los poemas nos revelan la personalidad colectiva de la humanidad.

Leer poesía es disfutar del lenguaje empleado en su máximo grado de expresión, por lo que dice y por cómo lo dice. Un poema es un objeto hecho de palabras, empleadas de manera tal que cuando entramos en contacto con ellas nos provocan una suerte de encantamiento, de suspensión de la conciencia. Desde luego no todos los poemas nos afectarán de este modo, porque la sensibilidad de cada quien es muy distinta, pero cuando la poesía nos toca, nos conmueve profundamente.

Quien lee poesía debe dejar que la sucesión de imágenes o ideas que el poema propone se deposite en su conciencia, sin preocuparse demasiado por comprender lo que cada una significa en ese momento. Hay que seguir el ritmo, tratar de captar la melodía de las palabras. Al final, el efecto total se produce. Leer poemas es como contemplar un paisaje: inicialmente percibimos el conjunto, sus características generales. Sólo conforme observamos con detenimiento descubrimos que ese conjunto está constituido por variados, múltiples detalles. La comprensión de esos detalles enriquecerá nuestra visión.

La poesía es fundamentalmente una cuestión de gusto. Es un placer, un placer del espíritu, de la inteligencia, de la sensibilidad y la imaginación, y como tal debemos disfrutarla. Si durante la lectura de este libro algún texto resultara fastidioso o difícil, no hay que inquietarse. Puede uno dejarlo para después, seguir adelante, sin problema. Quizá lo que en un punto parecía complicado y abstruso en otro se vuelva claro como el día. La poesía es así.

Una excelente forma de enriquecerse con la mirada que propone la poesía, es aprender de memoria los poemas que nos gusten. Repitiéndolos en voz alta captaremos mejor su armonía y equilibrio. Lo que aprendemos de memoria forma parte esencial de nosotros, de nuestros sentimientos y emociones, y nos acompañará siempre.

La poesía es el arte de cargar de sentido a las palabras, esto es, de hacerlas decir más de lo que comúnmente dicen. Es posible gracias a la habilidad con que el poeta las elige y a su capacidad para ordenarlas rítmicamente unas junto a las otras en las frases o versos que integran el poema. Debido a esta tensión, a esta carga semántica, los poemas nos comunican muchas cosas. Un himno a la naturaleza, un canto de amor, el relato de hazañas memorables o la añoranza de la tierra natal, cuando están cargados con la fuerza de la poesía se vuelven una experiencia perdurable.

La poesía es una de las formas de la felicidad, sentenció un poeta famoso. Tomémosle la palabra. Poesía es una manera peculiar de ver, sentir y decir el mundo y las cosas del mundo que los seres humanos hemos compartido a lo largo de la historia, una *inflexión* que nos resulta entrañable porque habla bellamente de las realidades del espíritu.

Se dice que clásico viene de clase: clásico es lo que se enseña en clase. En todo caso, designa un modelo: aquello que debiera aprenderse, en clase o fuera de ella. Es el conjunto de obras cuyo conocimiento nos ayuda a ser mejores: más comprensivos, más solidarios, más generosos, más maduros. Los clásicos constituyen el patrimonio literario colectivo más valioso de la humanidad. Podemos vivir sin conocerlos, pero si decidimos hacerlo y los leemos, algo cambiará en nosotros: tendremos más elementos para entender la vida, para comprender quiénes somos, y seremos capaces de apreciar un mayor número de cosas. La poesía aguza nuestra facultad de percibir porque se dirige a nuestra sensibilidad y a nuestra inteligencia; desarrolla la imaginación y afina la memoria.

Con objeto de aproximarnos con la mayor fidelidad posible a las riquezas del lenguaje poético de la humanidad, esta colección de la poesía clásica universal reúne textos fundamentales, presentados en las mejores versiones disponibles. Cuando el compilador no encontró ninguna satisfactoria, él mismo tradujo empleando fuentes inglesas, francesas y españolas. Y si bien los poemas que contiene este volumen, de Mesopotamia a la Edad Media, aparecen ordenados cronológicamente, no es necesario leerlos de este modo. En realidad, se puede abrir el libro en cualquier página y disfrutar de su lectura. Leer en orden, sin embargo, permitirá tener una imagen más justa del desarrollo y la diversidad de la expresión poética de los hombres.

Poderosa, profunda, radiante, emotiva, conmovedora, aguda, regocijante, triste, irónica, erótica, mística, la poesía es la forma más alta de conversación humana. Cuando leemos un poema *escuchamos* la voz —el pensamiento— de su autor que nos cuenta, que nos canta —en fulgurantes sentencias memorables— emociones, angustias, temores, certezas, dichas, júbilos, incertidumbres, decepciones, esperanzas; mediante sus palabras conocemos en toda su riqueza y complejidad los variados matices del ser de lo humano.

Leer nos hace mejores. Leer lo mejor que han escrito los hombres nos mejorará doblemente.

Al entrar en contacto con obras literarias del más alto valor espiritual y expresivo, acercándonos a los motivos más refinados de la emoción y el sentimiento, experimentaremos un saber de primera importancia, al cual podemos acceder gracias a la lectura.

Lecturas de Poesía Clásica: un recorrido a través del lenguaje de los más sabios, una estimulante colección de varios de los más recordables por sus dichos magistrales.

La poesía es el arte mediante el cual el poeta junta proposiciones intencionadas y construye analogías fecundas, de manera que vuelve grande lo pequeño, pequeño lo grande, viste a lo bello con formas de fealdad y muestra a lo feo bajo el aspecto de lo bello. Actuando sobre la imaginación, excita la ira y el deseo, y los temperamentos se deprimen o se exaltan. De esta manera, el poeta nos conduce a la realización de grandes cosas en el orden del mundo.

Nezami Aruzi, poeta persa del siglo XII.

Mesopotamia

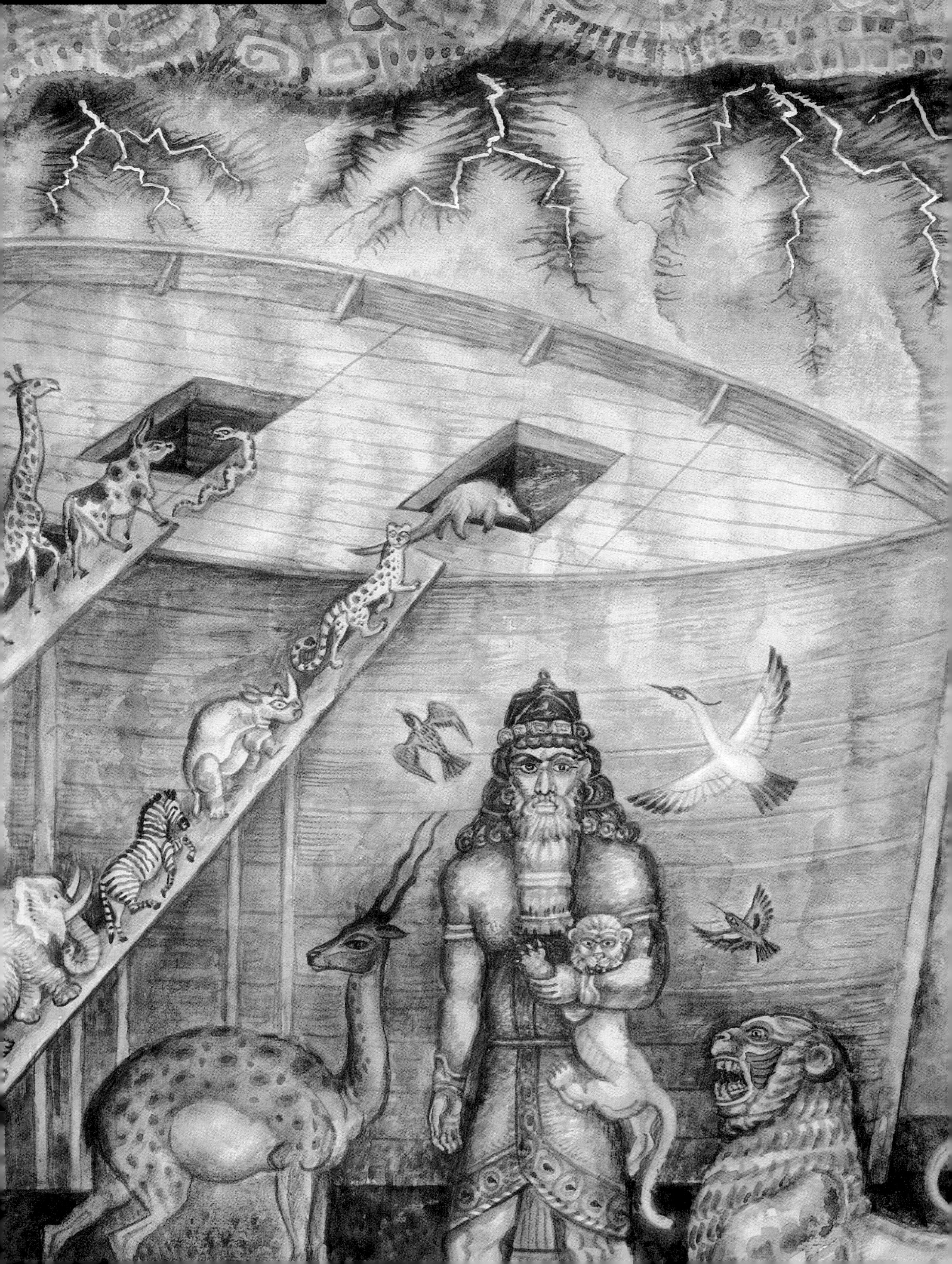

Anónimo (c. 3000 a. C.)
De *La Epopeya de Guilgamesh*

EL DILUVIO SUMERIO

Quien ha visto el fondo de las cosas y de la tierra,
y todo lo ha vivido para enseñarlo a otros,
propagará su experiencia para el bien de cada uno...
Dos terceras partes de su cuerpo son de dios,
la otra es de hombre. Su forma es perfecta...
...como un buey montaraz de gran tamaño...
Ese es Guilgamesh, el pastor de Uruk,
el pastor de todos, imponente y sabio.
A son de tambor se levantan sus compañeros.
En verdad, el choque de sus armas no tiene igual...

[Luego de realizar numerosas hazañas, Guilgamesh parte en busca de la inmortalidad.]

Guilgamesh llegó a la tierra donde vivía Ut-Napíshtim,
el inmortal, y le habló en estos términos:
"He recorrido todos los países,
he atravesado escarpadas montañas,
he cruzado todos los mares
y no he encontrado nada que fuera feliz."
Ut-Napíshtim contestó así a Guilgamesh:
"¿Acaso construimos casas para siempre?
Los que duermen y los que están muertos se parecen."
Guilgamesh dijo entonces al lejano Ut-Napíshtim:
"Te admiro, Ut-Napíshtim,
y en nada te veo diferente de mí;
tienes un corazón valiente y dispuesto a la lucha
y descansas acostado de espaldas.
¿Cómo has podido presentarte ante la asamblea de los dioses
para pedir la inmortalidad?"
Ut-Napíshtim contestó:
"Voy a revelarte, Guilgamesh,
algo que se ha mantenido oculto,
un secreto de los dioses voy a contarte.
Cuando los dioses decidieron desatar el diluvio,
me eligieron a mí para sobrevivir a la destrucción.

'¡Derriba tu casa y construye una nave,
abandona las riquezas y busca la vida,
me dijeron durante un sueño,
desprecia toda propiedad y mantén viva el alma!
Reunirás en la nave, Ut-Napíshtim,
la semilla de toda cosa viviente...'

Durante seis días y seis noches sopló el viento
    del diluvio.
Todo lo que había sido luz era tinieblas.
La vasta tierra era sacudida como una olla.
Al séptimo día
la tempestad comenzó a ceder.
El mar se calmó, la tormenta amainó,
    la inundación cesó.
Observé el tiempo: reinaba la calma.
El paisaje aparecía liso como un techo.
Abrí una escotilla y la luz cayó sobre mi rostro.
Me incliné, me senté y lloré;
las lágrimas resbalaron por mis mejillas.
Entonces hice que todos los animales salieran
    de mi nave
hacia los cuatro vientos;
ofrecí un sacrificio en la cumbre de la montaña,
preparé siete hogueras para incienso,

en su base amontoné cedro, caña y mirto.
Los dioses percibieron el aroma
y acudieron como una nube de moscas.
El dios Enlil subió a la nave,
me tomó de la mano,
luego tomó la mano de mi esposa,
tocó nuestras frentes, y nos bendijo:
'Hasta ahora, Ut-Napíshtim, sólo has sido
    humano;
pero desde este momento tú y tu esposa
    serán como dioses.
¡Irás a vivir lejos, en la desembocadura de los ríos!'
Eso fue lo que dijo el dios Enlil.
En cuanto a ti, Guilgamesh, ¿quién reunirá
    a los dioses
para que obtengas la vida que buscas?
Vamos, trata de no dormir durante seis días
    y seis noches",
dijo Ut-Napíshtim, el inmortal.
Apenas Guilgamesh se sentó,
el sueño lo envolvió como un huracán.
Ut-Napíshtim dijo a su esposa:
"Mira al hombre fuerte que desea
    la inmortalidad:
el sueño, como un viento furioso, lo ha vencido."

Anónimo (c. 2500 a. C.)

CANTO DE AMOR AL REY SHU-SIN

Esposo, amado de mi corazón.
Grande es tu hermosura, dulce como la miel.
Shu-Sin, amado de mi corazón,
grande es tu hermosura, dulce como la miel.

Tú me has cautivado,
déjame que permanezca temblorosa ante ti.
Esposo, yo quisiera ser conducida por ti a la cámara.
Esposo, déjame que te acaricie;
mi caricia amorosa es más suave que la miel.

En el cuarto lleno de miel,
déjame que te acaricie;
mi caricia amorosa es más dulce que la miel.

Yo sé cómo alegrar tu corazón:
Esposo, durmamos en nuestra casa hasta el alba.

Ya que me amas,
dame, te lo ruego, tus caricias;
dame, Shu-Sin, tus caricias.

Esposo mío, acaríciame:
tu caricia amorosa es más dulce que la miel.

[*Shu-Sin reinō en Sumeria hacia 2510 a. C. Éste es, quizá,
el primer poema de amor de la humanidad.*]

Anónimo (c. 2500 a. C)

EL LABRIEGO
Y EL PASTOR

Dijo el guerrero a su hermana:
"¡Deja que el pastor se case contigo,
hermana virgen Inanna!
¿Por qué no quieres casarte con él?"
"¡Ningún pastor será mi esposo:
no puede darme vestidos!
Mejor tomaré al labriego:
¡él hace crecer las plantas,
él hace abundar el trigo!"
Habló entonces el pastor:
"¿Más el labriego que yo?
¿Qué tiene que yo no tenga?
¿Te ofrece una capa negra?
Te doy una oveja negra.
¿Te ofrece una capa blanca?
Te doy una oveja blanca.
¿Te ofrece su vino fresco?
Yo te doy mi leche fresca.
¿Te ofrece su pan aún tibio?
Yo te doy panal de miel.
¿Te ofrece frijol y haba?
Te doy bolitas de queso."
Llegó entonces el labriego,
gritó con voz poderosa:
"¡Yo te ofreceré mi trigo;
yo te daré mis legumbres.
Y a ti, virgen, linda Inanna
yo te tengo que llevar!"

Este es el pleito del pastor y del labriego.
Inanna, debes decidir tú.

[*El poema representa un diálogo de dioses:
Inanna es la diosa madre. Tal vez se refiere
a la lucha que debió existir entre campesinos
y ganaderos al comenzar la cultura humana.*]

Anónimo (c. 2000 a. C.)

OTRO CANTO DE AMOR
DE SUMERIA

Ella dio a luz y él es puro,
ella dio a luz y él es bello.
Dulce vino hecho de dátiles,
vino de dulce sabor.
Su beso es dulce de dátiles,
vino de dulce sabor.
Él me amó y se dio a mí,
él me amó, él me amó.

[*Este poema fue hallado en la ciudad
de Nippur en una tablilla rota.*]

Anónimo (c. 2000 a. C.)

LAMENTACIÓN POR LA RUINA DE LA CIUDAD DE UR

El dios Enlil[1] la oprimió
y convirtió a la ciudad en ruinas.
La acosaron armas terribles
y sucumbió.
Sus habitantes fueron arrastrados como peces en la red.
El agua de los arroyos ya no corre suavemente.
En los muros desolados ha crecido la maleza.
Sobre las calles hay pasto; en los caminos arbustos.
En los canales callados no navegan ya las barcas.
Arriba de la pirámide está creciendo la hierba.
¿Qué se hizo mi ciudad?
Ya no hay pan, ya no hay harina.
Ur es hoy sólo un montón de escombros.
¡Padre Enlil, padre Enlil, vuelve esta ciudad como antes,
que las leyes de Sumeria otra vez se restablezcan!

[La ciudad de Ur fue destruida en el año 2006 a. C. Su caída fue famosa en todo el Oriente
y de ella se hicieron varios poemas.]

---

1. *Enlil: dios de la atmósfera, responsable de la creación y destrucción del universo.*

Anónimo (c. 1750 a. C.)

HIMNO DE LAMENTACIÓN A ISHTAR[2]

Yo clamo a ti, diosa de los dioses; señora de los que dominan,
Ishtar, reina de las naciones que guías en la sombra.
Irinia, la excelsa, la más alta de los dioses.
Ningún nombre es como el tuyo: a todos superas.
Eres luz de los cielos y de la tierra; eres hija de la luna.
Tú llevas las armas: tú decides la batalla.
Tienes todo el poder, la corona de la fuerza.
¡Gloriosa entre los dioses!
Ayudas al desvalido y amparas al caído.
Piedad, Ishtar, señora de los cielos y la tierra.
Eres alta y magnífica, como una antorcha en el mundo,
como luz de los pueblos para siempre.
¡Irresistible en los combates, indomable en la guerra!

Mírame, que para mí brille tu rostro.
¿Hasta cuándo estarán en mi contra mis enemigos?
Fluyo ante ti, como el agua cuando el viento la revuelve.
Mi corazón va volando como pájaro del cielo,
como paloma en la noche lanzo al aire mi lamento.
El silencio es mi santuario; el silencio es mi palacio.
Silencio llena mi vida y envuelve mi soledad.
Destruida está mi familia; mi techo ha caído en ruinas.
A ti clamo, Ishtar, escúchame, y perdona mis errores.

2. *Ishtar: diosa de la guerra; nombre del planeta Venus.*

Anónimo (c. 1300 a. C.)

PLEGARIAS A LA DIOSA MADRE

1

Reina,
Señora mía,
a tus pies
los pueblos se rinden
por amor de su tierra,
para acabar con el mal.
Ruega, Señora, por la paz.
Que la paz nos acompañe.

2

Reina Señora mía,
eres la dueña del país.
Los dioses oprimieron al pueblo;
tú serás quien lo conforte.
Mira cómo el rey de Egipto
asesina sin piedad.
Tráenos la paz.
Tú eres nuestra guía,
la que ayuda a su pueblo.
Ruega al ejército por la paz:
Que la paz vuelva a este pueblo.

Anónimo (c. 650 – 600 a. C)

HIMNO AL SOL

¡Iluminador de las sombras,
destructor del mal en el cielo y en la tierra,
Shamash[3], iluminador de las sombras!
Como una red que se extiende
     son tus rayos sobre el mundo.
Subes hasta las montañas y desciendes
     hasta el mar.
Cuando brillas en el cielo todos estamos felices.
Haces arder el mediodía y haces
     florecer los campos.
Con tu luz envuelves todas las montañas.
Tu mirada luminosa abarca a todos
     los pueblos del mundo,
a todos les das vida.
Cada día vistes al mar, a los montes,
     a la tierra y al cielo,
cada día vas corriendo.
Nunca tienes miedo de cruzar los grandes mares.
Cansado del día, vas a reposar por la noche:
tu cara no se oscurece, pero te sientes rendido.
El descanso de la noche hace que recobres
     fuerzas
y vuelvas al día siguiente a relucir en el cielo.
Sol, tú nunca duermes.
Si tú te cansaras, se acabaría el mundo.
Cuando tú apareces la tierra se viste de luz.
Tú conoces los planes de todas las naciones.
Todos los hombres en ti se regocijan.
¡Sol-Shamash, el mundo está ansioso por tu luz!

Anónimo (c. 650 – 600 a. C)

HIMNO A LA LUNA

¡Sin[4], Luna gloriosa,
única que haces lucir las cosas
y al mundo otorgas tu luz!
Guías al hombre en la oscuridad,
brillas en el cielo como una antorcha.
Cuando los hombres te miran
     se llenan de felicidad.
Igualas en esplendor al sol
     que es tu hermano mayor.
Ante tu luz se reúnen todos
y esperan en la noche encontrar paz y verdad.
Concédeme mi deseo, Sin-Luna gloriosa.

---

3. *Shamash: nombre del sol.*
4. *Sin: nombre de la luna.*

Anónimo (c. 3000 a. C.)
De *La Teología Menfita*

Grande y excelso es el Dios creador,
que concedió su poder a todos los dioses
por medio de su corazón y con su lengua...
Ocurrió que el corazón y la lengua triunfaron
sobre todos los otros miembros,
pues Él está como corazón en todos los cuerpos,
como lengua en todas las bocas de los dioses,
personas, animales y criaturas reptantes
y en todo lo que vive,
mientras piensa como corazón
y ordena como lengua
todo lo que desea...

[La Teología Menfita *es uno de los textos más antiguos que se conservan.*
Expone las creencias religiosas de la primitiva civilización egipcia.]

Anónimo (c. 2500 a. C.)
De los *Textos de las pirámides*

PLEGARIA A UN REY MUERTO

1

Estás en el trono de Osiris.
Has asumido el poder
y has tomado su corona.
Oh rey, qué maravilloso es esto,
qué grande es esto,
lo que tu padre Osiris ha hecho por ti.
Te ha cedido su trono
para que gobiernes a los muertos
y los guíes.

2

Atum, éste es tu hijo Osiris,
a quien tú hiciste
vivir y sobrevivir.
Él vive, por eso el rey vive,
No ha muerto, el rey por eso no ha muerto.
No ha desaparecido, por eso
el rey no desaparece.

3

Nut, éste es tu hijo, Osiris,
de quien tú dijiste: "Ha nacido para su padre".
Tú limpiaste su boca manchada
de la tierra en la que lo enterraron.
Su boca fue abierta por su hijo Horus,
a quien él ama.
Los dioses cuentan sus miembros.

4

Tu cuerpo es el cuerpo del rey;
tu carne es la carne del rey;
tus huesos son los huesos del rey.
Tú te vas y por eso el rey se aleja.
El rey se aleja y por eso tú te vas.

CÁNTICO EN EL ENTIERRO DE UN FARAÓN

Padre mío, levántate;
mira el agua fresca que traje para ti.

Oh padre mío, levántate
hacia este pan caliente que hice para ti.
Padre mío, las puertas del cielo están abiertas
para ti.

Te has ido,
has venido,
has despertado.
Después de haberte dormido
sigues vivo.

Levántate y mira,
levántate y escucha
lo que tu hijo ha hecho por ti.

Termina la tristeza:
¡Oh dioses, habladle,
llevadlo con vosotros!

Anónimo (c. 2300 – 1350 a. C.)
De *El Libro de los muertos*

HIMNO A OSIRIS-RA

Honor a ti, Rey de reyes,
Señor de señores, príncipe de príncipes,
que desde el vientre de la gran diosa Nut
registe el mundo y el submundo.
Tu cuerpo es de metal claro y resplandeciente,
tu cabeza es azul y el brillo de las turquesas te rodea.
Dios de millones de años, tu ser todo lo invade.
Concede al escriba Ani esplendor en el cielo,
poder en la tierra y victoria en el mundo inferior.
Haz que pueda entrar y salir sin problema
por los templos de los dioses subterráneos.
Y ordena que me entreguen pan en la casa fresca
y ofrendas, y un campo con trigo y cebada.

ENCANTAMIENTO PARA RENACER EN EL MUNDO SUBTERRÁNEO

Soy Ayer, Hoy y Mañana: tengo poder para renacer.
Soy el alma divina y oculta que creó a los dioses,
el que dio manjares sepulcrales a los habitantes del infierno y del cielo.
Soy el señor de los hombres que se han levantado,
el señor de los que salen de la oscuridad.
Salve, halcones divinos que guían el féretro al lugar escondido,
que dirigen a Ra y lo siguen
hasta el lugar que se alza en el centro de la tierra.
Él es yo, yo soy él, y el creador cubrió el firmamento de cristal.
Salve, Ra. Haz dichosos tus caminos para mí
y por mí ensancha tus veredas
cuando salga de la tierra hacia la vida en el cielo.
Báñame con tu luz, alma desconocida:
estoy a punto de penetrar.

OTROS TEXTOS

Anónimo (c. 2000 a. C.)

LLEGADA DE UN REY MUERTO AL MÁS ALLÁ

Oh, rey, te has ido para convertirte en espíritu,
para hacerte tan poderoso como un dios,
tú, que estás en el trono de Osiris.

Los espíritus se acercan a ti y se inclinan
para besar la tierra delante de tus pies.
Subes hasta tu madre Nut en el cielo;
ella te toma de la mano y te lleva al horizonte,
al sitio donde está Ra, el sol.

Las puertas del cielo se abren para ti;
las puertas del Lugar Frío se abren para ti.
Encuentras al sol de pie, esperándote.
Te toma de la mano, te lleva al cielo
y te sienta en el trono de Osiris.

Tu hijo se presenta como rey en tu trono, parecido a ti,
y hace lo que tú acostumbrabas hacer
cuando gobernabas a los vivos
por orden de Ra, el gran dios.
Tu nombre vive en la tierra, no desaparecerá.
No será destruido por toda la eternidad.

*[Este poema muestra la identificación del rey muerto con el dios Osiris; se pensaba que el rey continuaría
beneficiando al pueblo y apoyando a su hijo y sucesor con todo el poder divino que había adquirido al morir.]*

Anónimo (c. 1800 a. C.)

CANTOS DE GUERRA
AL REY SESOSTRIS III

1

Honor a ti, rey,
que proteges al país y extiendes sus fronteras:
el que con su corona vence a los extranjeros
y con su brazo estrangula a sus adversarios,
el que mata a los arqueros sin usar su maza
y dispara las flechas sin que el arco se tienda.
Tu poder ha vencido a tus enemigos.
Eres joven, y luchas por tus fronteras,
gracias a ti pueden dormir
los hombres tranquilos hasta el día,
y tus hijos descansan protegidos por tu esfuerzo.
Tus mandatos han trazado las fronteras del reino.

2

¡Qué grande es el señor de esta ciudad!
Él solo es un millón: los demás son pequeños
          a su lado.
Es como una represa que detiene las aguas
          de los ríos.
Es como una casa fresca, que permite al hombre
          dormir en el día.
Es como la frescura del agua y la sombra
          en verano.
Es como un rincón caliente y seco durante
          el invierno.
Es como una montaña que detiene las tormentas
cuando el cielo se oscurece y está enfurecido.
Es como un poderoso dios frente a los enemigos
que invaden sus fronteras.
¡Qué grande es el señor de esta ciudad!

3

El rey ha venido para ensanchar las fronteras
          de Egipto.
Ha puesto la corona sobre su cabeza.
Vino y dominó al país negro
y puso bajo su dominio al país rojo.
Vino y dio vida a los hombres:
por él respiran las gargantas de sus súbditos.
Vino y aplastó a los extranjeros.
Vino para que eduquemos a nuestros hijos
y enterremos a nuestros viejos.

[*Cantos de guerra en un papiro de la XXI dinastía hallado
en las ruinas de la ciudad de Kahun.*]

Anónimo (c. 1500 a. C)

DISCURSO DE UN REY EN LA FUNDACIÓN DE UN TEMPLO

Yo levanto mi casa en la tierra.
Se recordará la belleza:
mi nombre será la piedra
y mi monumento el mar.

Anónimo (c. 1500 a. C)

CANTO MATUTINO AL SOL

Los dioses extienden sus manos hacia ti,
tu madre Nut te ha dado a luz.
¡Qué hermoso eres, Sol halcón!

Anónimo (c. 1500 – 1300 a. C.)

CANTO A OSIRIS

¡Honor a ti, Osiris,
señor de la eternidad, rey de los dioses!
¡El de los muchos nombres y la esencia magnífica!
¡El de las prácticas misteriosas en los templos!
Su nombre perdura en la lengua de los hombres.
En los tiempos antiguos reinaba en Egipto.
Bienaventurado entre los bienaventurados
y señor de los muertos.
Nut, el océano del cielo, le ha dado sus aguas
y el viento del norte le envía su soplo hacia el sur.
Las plantas crecen siguiendo su deseo
y el cielo le prepara sus manjares.
El cielo y las estrellas le obedecen
y las grandes puertas se abren ante él.
Los que habitan en el mundo subterráneo besan el suelo ante él,
y los que viven en las ciudades de los muertos se inclinan ante él.
Gritan jubilosos cuando lo ven, y los que están allí tiemblan.
Él es el noble de los nobles, el poderoso, el justo.
De él tienen memoria los cielos y la tierra.
Potente cuando derriba a sus enemigos,
el que extiende sus fronteras a todos los países.
Él puso en nuestras manos el agua, el aire, las hierbas
y todos los rebaños.
Apareció en el trono de su padre,
como Ra cuando emerge del horizonte
para dar vida a los hombres.
Iluminó este país, como el sol por la mañana.
Su corona se reunió con las estrellas.
Él dirige a todos los dioses.

[De una inscripción jeroglífica en una losa funeraria de la XVIII dinastía.]

Akhenatón (c. 1350 a. C.)

EL SOL

Surges hermoso en el horizonte del cielo,
oh Sol Viviente, iniciador de la vida.
Cuando apareces por el Este
llenas toda la tierra con tu belleza.
Eres gentil y magnífico, radiante y alto sobre
      las tierras.
Tus rayos abrazan los confines
en toda la extensión de cuanto has hecho,
tú eres Ra y llegas a las fronteras
y las subyugas para tu amado hijo Akhenatón.
Aunque estás en la lejanía tus rayos cubren
      el mundo
y permaneces a la vista de los hombres
pero nadie conoce tus caminos.

LA NOCHE

Cuando te ocultas en el horizonte del Oeste
el mundo queda en la oscuridad y como muerto.
Los hombres duermen en sus cámaras
con las cabezas envueltas,
las narices tapadas
y sin verse unos a otros;
mientras, les roban
aun lo que guardan bajo sus cabezas,
y no se enteran.
Los leones salen de su madriguera
y las serpientes muerden.
La oscuridad es la única luz
y el mundo está en silencio,
cuando su creador descansa en el horizonte.

EL DÍA Y EL HOMBRE

La tierra brilla cuando surges en el horizonte,
resplandeces como el sol diurno
y ahuyentas la oscuridad.
Cuando envías tus rayos,
Egipto está de fiesta;
los hombres despiertan y se yerguen
porque tú los levantaste,
y después de bañar sus miembros,
　　visten sus ropas,
levantan los brazos en adoración a tu amanecer
y todo el mundo hace su trabajo.

LOS ANIMALES Y LAS PLANTAS

El ganado está tranquilo en el pasto,
los árboles y las plantas florecen,
los pájaros vuelan de sus nidos
con las alas abiertas, adorándote,
las ovejas saltan,
todo lo alado vuela
y vive porque tú lo iluminas.

LAS AGUAS

Los barcos navegan aguas arriba y abajo,
los caminos están abiertos porque tú amaneciste,
el pez en el río salta hacia ti
y tus rayos están en medio del grande
　　y verde mar.

[*Inscripción jeroglífica en la tumba de Ay, secretario del faraón
Akhenatón, en la ciudad de Tell- el-Armana.*]

Anónimo (1567 – 1085 a. C.)

CANTOS DE AMOR

Ella dice:
Mi amor,
      qué dulce es ir al estanque
            a bañarme ante ti
y mostrarte mi belleza
      en una camisa del más fino lienzo
            mojada.
Me sumergiré contigo
      y volveré a subir
con un pez rojo, tan lindo,
      entre mis dedos.
Ven y mírame.

Él dice:
Mi amor está en la otra orilla;
      el río nos separa.
Y en un banco de arena acecha un cocodrilo.
      Pero cuando me lanzo al río
            floto sobre la corriente:
mi corazón valeroso entre las olas,
      y el agua es como tierra firme para mis pies.
Mi amor es lo que me da fuerza:
      conjura a los cocodrilos.
Mi corazón se estremece
      cuando veo venir a mi amor.
Abro los brazos:
      mi corazón se regocija
cuando se acerca mi amor.

Ella dice:
Amor mío, amor mío, mi amor:
      mi corazón arde por ti:
            tú lo has hecho vivir.
Mira las aves de Punt
      de alas perfumadas,
como una lluvia de mirra
      descendiendo sobre Egipto.

Cuando estoy sola contigo
    me gusta que oigas su canto.
Qué felicidad sería
    que estuvieras junto a mí.
Nos iríamos al campo
    a disfrutar del amor.

Él dice:
La casa de mi amor
    tiene las puertas abiertas.
Ella sale furiosa...

Oh, quién fuera su portero
    para oírla,
        colérica,
como un niño temblando de miedo.

Ella dice:
Cuando esté contigo
    lleva mi corazón en busca del sol.
No callaré
    cuando mi corazón piense en ti.
Iré contigo al jardín,
    me acostaré entre los árboles:
        veré lo que haces cuando me veas.
Mis brazos están llenos de ramas de persea
    y mi cabello de ungüento perfumado.
Cuando estoy en tus brazos
    soy como una princesa
        del faraón.

Él dice:
Vino a buscarme.
    ¡Cuánta felicidad vino con ella!
Me levanto exaltado,
    riendo,
        temblando,
feliz cuando digo:
            Aquí está.
Largamente la miro.

Ella dice:
Me miró al pasar
    y el corazón me dio un vuelco.
Oh diosa, oh diosa resplandeciente,
    haz que pueda tenerlo entre mis brazos.
Aunque la gente nos mire
    no me importa lo que digan,
feliz de que ya lo sepan
    y de que tú me conozcas.
Si pudiera esta noche reposar con mi amor
    soñar sería una delicia.

Él dice:
Hace siete días que no la veo.
    Mi corazón está enfermo.
        La tristeza me abruma.
            Ya no sé de mí.
El médico más hábil no sirve para nada,
    sus exorcismos son completamente inútiles.
Yo sé que ella me haría vivir:
    su solo nombre resucita mi corazón.
        Tener noticias suyas me devolvería la vida.
Mi amada es la mejor medicina,
    mejor que todos los libros mágicos.
Mi salud está en ella:
    con verla me aliviaría.
Cuando ella abre los ojos
    mi cuerpo rejuvenece;
cuando ella habla
    mi fuerza regresa.
Si pudiera abrazarla
    desaparecería mi enfermedad.
Pero hace siete días
    ella me abandonó.

[Estos poemas de amor se conservan en distintos papiros y óstraka (conchas escritas); datan del siglo XIV a. C., época de paz y prosperidad en Egipto. Su tono anticipa el lirismo del Cantar de los Cantares bíblico.]

Anónimo (siglo VIII a. C.)

SABIDURÍA DE AMEN–EN–OPE

fragmentos

No lances tu corazón en busca de riquezas;
el hombre que sólo busca el dinero es un loco.
No pongas tu corazón en las cosas de afuera.
Cada cosa tiene su hora y cada acto su momento.
No quieras tener más
si tienes lo necesario.
No quieras robar por dinero
ni te entristezcas si eres pobre.
No quieras emborracharte
ni tener amigos más grandes que tú.
Sé amigo de tus iguales
y si ves a uno más viejo
síguelo con reverencia.
El brazo no se rompe
si se queda desnudo,
ni la espalda se quiebra
si se inclina.
Un piloto que va viendo a lo lejos
no verá que naufrague su nave…
Llénate de estos consejos
y guárdalos en tu pecho.

[*De un papiro conservado en el Museo Británico.*]

Anónimos (1200 – 500 a. C.)
Del *Rig Veda*

¿QUIÉN CONOCE EL DÍA DE LA CREACIÓN?

¿Quién conoce el día de la Creación?
¿Quién lo ha visto, quién puede hablar de él?

En la edad primera de los dioses
el ser surgió del no-ser.

¿Cuál era el sitio, cuál el lugar donde el Creador
pudo apoyar su pie? ¿Cómo encontró de dónde
 asirse?
Díganme, ¿cuál era la madera y cuál el árbol
con que se construyeron el cielo y la tierra?

Sabios que reflexionan, piensen y pregúntense:
¿En qué se apoyó Él cuando hizo el universo?
¿De qué principio nació la Creación?
¿Fue hecha o no lo fue?
El que vigila desde lo alto
seguramente lo sabe
¿O tal vez no?

A LA NOCHE

La divina Noche ha llegado.
Por todas partes con sus ojos,
nos está mirando.
Se ha puesto todas sus galas.

La diosa inmortal ha llenado el inmenso espacio,
los valles y las cumbres de los montes.
Expulsó, con su resplandor, a las tinieblas.

Llegó la diosa
e hizo que su hermana, la luz del día,
se retirara.
También han de retirarse las tinieblas.

Se han entregado al reposo las aldeas,
los que van caminando,
los que tienen alas
y las voraces águilas.

¡Oh, ondulante!,
aleja al lobo y a la loba,
aleja al ladrón.
Sé, para nosotros, fácil de atravesar.

Pintando todo de negro, palpables,
las tinieblas han llegado hasta mí.
Como a las deudas,
expúlsalas, ¡oh Aurora!
Como un rebaño de vacas,
he conducido hacia ti mi himno;
acéptalo, ¡oh hija del cielo, oh Noche!,
como un canto para el vencedor.

AL VIENTO

Ahora cantaré la grandeza
del carro del Viento.
Avanza, destrozándolo todo;
su ruido es ensordecedor.
Avanza, alzándose hasta el cielo,
produciendo rojas claridades.
Avanza, levantando sobre la tierra
torbellinos de polvo.

Junto con él se precipitan
las lluvias, que son suyas;
hacia él se dirigen
como mujeres a una fiesta.
El dios avanza con ellas,
en su mismo carro,
monarca de todo el universo.

Va por los caminos del espacio
y jamás se reposa.
Es el amigo de las Aguas,
el que nació antes que nadie,
cumplidor del Orden.
¿De dónde provino?
¿De dónde surgió?
Es el aliento de los dioses;
la semilla del universo.

A su voluntad se desplaza.
Se oye el tremendo ruido que produce,
pero su forma es invisible.
Al dios del Viento rindamos homenaje.

A LA AURORA

Tú que siempre ganas, Aurora,
acepta nuestros cantos, tú que comprendes,
antigua y sin embargo siempre joven,
rica, conforme a la ley, ¡oh plenitud!

Resplandece, diosa inmortal,
que te traiga aquí tu carro brillante, pleno de dones,
en compañía de tus dóciles caballos,
de tus poderosos caballos, muchacha de color de oro.

Haces frente, de pie, a todos los seres,
sí, tú eres señal de lo inmortal, Aurora.
Tú que siempre vas al mismo objetivo,
vuelve hacia nosotros tu fortuna, ¡oh muchacha!

Te vas como una hilandera,
generosa Aurora, por tus pastos;
dando nacimiento a la luz, ¡oh generosa!
Alcanzas los confines del cielo y de la tierra.

¡Yo te invoco, diosa, Aurora de luz!
Presentémosle el homenaje de nuestros cantos:
ella da la miel y fija el cielo,
y prodiga su esplendor, la bella Aurora.

Nuestros cantos han despertado a esta Hija del Cielo,
justa, rica, la Aurora ha escalado los dos mundos;
cuando llega y brilla, Fuego, tú vas a ella
porque quieres tener parte en sus amados tesoros.

En los cimientos del Orden corre hacia las auroras
el Toro[1]. En su seguimiento penetra los mundos.
Grande es la magia de los dioses:
¡la Aurora extiende por todas partes su centelleante rayo!

---

1. *Toro: la constelación de Tauro, que el sol recorre aparentemente a mediados de la primavera.*

AL FUEGO

Que venga el Fuego a tomar parte
        en nuestra fiesta.
Los hombres lo reparten en sus casas,
él es el mensajero que lleva nuestras ofrendas;
quien a él se acerca escoge a un buen protector.

Para ti, Fuego, son estas palabras dulces
        como la miel.
Para ti este canto que llega al corazón.
Nuestras canciones te llenan y fortalecen
como los grandes ríos llegan al mar.

Tus amigos descubrieron tus huellas
cuando te escondías en el bosque.
Fuego, eres el hijo de la fuerza.

A LA TIERRA

Tierra,
tú eres la que sostienes
el peso de las montañas.
Con tu extensión
estimulas a la naturaleza.
Te extiendes en todas direcciones.
Nuestros cantos te alaban en la noche.
Tierra, tú haces fuertes a los árboles;
para ti brillan los relámpagos.
Tierra,
para ti caen todas las lluvias del cielo.

[El Rig Veda es la más antigua colección de himnos religiosos hindúes; Veda significa "saber", conocimiento de las cosas sagradas. Los textos reunidos bajo este título abarcan un período de más de ocho siglos.]

Anónimo (c. 800 – 500 a. C.)
De los *Upanishads*

1

Hay un Espíritu que es mente y vida
y luz y verdad y todo el universo.
Ése es el Espíritu que vive en mi corazón,
más pequeño que un grano de arroz
y más grande que la tierra, mayor que el
firmamento,
mayor que todo el cielo, más grande que todos
estos mundos.
Él abraza al universo y en silencio es amor para
todos.
Ése es el Espíritu que vive en mi corazón.

2

Cuando el fuego arde, Braman brilla,
y cuando el fuego se extingue,
Braman desaparece.
Su luz se va al sol
y su espíritu es llevado por el viento.
Cuando el sol brilla, Braman brilla,
y cuando el sol se pone,
Braman desaparece.
Su luz se va a la luna
y su espíritu es llevado por el viento.
Cuando la luna brilla, Braman brilla,
y cuando la luna se pone,
Braman desaparece.
Su luz se va con el relámpago
y su espíritu es llevado por el viento.
Cuando el relámpago brilla,
Braman brilla,
y cuando el relámpago se extingue,
Braman desaparece.
Su luz se va al espacio
y su espíritu es llevado por el viento.

3

Hay una luz más brillante que todo lo que brilla
en la tierra,
que llega más allá que el cielo alto:
es la luz que brilla en nuestro propio corazón.
El pequeño espacio del corazón
es tan grande como el universo.
El cielo y la tierra están en él,
con el sol, la luna y las estrellas;
en el corazón hay fuegos, relámpagos y vientos,
y todo lo que existe y no existe;
porque todo el universo está en el Espíritu
y el Espíritu vive en nuestro corazón.

4

Lo mejor para el hombre es conocer a Dios.

5

La verdad vence a la mentira.
La verdad es el camino que conduce
a las regiones de la luz.

6

Hay un Espíritu oculto en los misterios
de los *Upanishads*.
No tiene cuerpo, pero puede verlo el corazón puro.
Él es el creador de todo. Él es Dios del amor;
y cuando un hombre lo conoce alcanza la
liberación.
Conocerlo es triunfar sobre la muerte.

*[La palabra Upanishad implica la idea de sentarse cerca
de alguien; es decir, se refiere a la enseñanza que se aprende
sentado cerca del maestro, en actitud de respeto. Son textos
que procuran enseñar las correspondencias ocultas que enlazan
al hombre con el universo.]*

Anónimo (siglo IV a. C)
De *La Bágavad Guita* o *Canción del Señor*

[*El dios Krishna, que ha tomado forma humana, le revela a Aryuna el secreto del conocimiento.*]

"Voy a explicarte ahora, Aryuna,
cómo llegar al conocimiento.
Cuando lo sepas ya nada te quedará por aprender:
Yo soy el principio y el fin del universo.

No hay nada que sea superior a Mí.
En Mí está enlazado todo el universo
como están enhebradas en su hilo
las perlas de un collar.

Yo soy, Aryuna, el sabor en el agua;
soy la luz en la luna y el sol;
soy la palabra sagrada,
la pura fragancia de la tierra;

el resplandor del fuego,
la vida en todos los seres.
Conóceme, Aryuna,
como la semilla de todas las cosas.

Soy la sabiduría de los sabios
y el poder de los poderosos,
La fortaleza de los fuertes
y el deseo de la verdad.

Pero nadie me conoce:
Yo soy el Dios Supremo,
el padre y la madre del universo,
el creador de todo."

[…]

Aryuna dijo:
"Creo en tus palabras, Señor,
porque sé que todo lo que me has dicho
        es verdad.
¿Cómo puedo conocerte, Dios mío?
Muéstrame tu gloria, Señor que estás en
        todas partes."

Y Krishna respondió:
"Está bien, te mostraré sólo parte
de mis poderes divinos, porque soy infinito.
Aryuna, soy el Espíritu que vive
en el corazón de todas las criaturas.

Entre las estrellas soy el sol;
soy el señor de los vientos y de las tempestades;
soy la luna; soy la inteligencia; soy el fuego;
soy el conocimiento que conduce a la verdad.

Soy la montaña de los dioses; soy el Himalaya.
Soy el rayo, el creador del amor;
soy el juez de los muertos;
soy el tiempo.

Soy la gloria, la fama, la memoria y la belleza.
Soy la muerte y el origen del porvenir.
Soy la primavera, el esplendor.
Soy la victoria y la lucha por alcanzarla.

Soy la verdad de lo verdadero y la bondad
        de lo bueno;
soy la semilla de todos los seres.
No hay nada que exista sin Mí. Soy infinito.
Yo sostengo todo el universo."

[...]

Habiendo dicho esto, Krishna
se le apareció a Aryuna
en su forma inmortal.
Y Aryuna contempló al Dios supremo.

Con miles de ojos y bocas,
con multitud de aspectos extraordinarios,
con adornos magníficos
y llevando armas resplandecientes.

Ataviado con collares espléndidos
y lujosas vestiduras,
perfumado con aromas celestes
y lleno de maravillas.

Se veía por todas partes
la forma del Señor, maravillosa,
infinita, resplandeciente,
con el rostro vuelto en todas direcciones.

Si la luz de mil soles
brillara al mismo tiempo en el cielo,
apenas podría compararse
al esplendor del Señor Todopoderoso.

Aryuna vio todo el universo
reunido en el cuerpo del Dios de dioses.
Entonces, maravillado y conmovido,
inclinó la cabeza ante el Señor.

[La Bágavad Guita *es una de las composiciones poéticas
más profundas e iluminadoras. Es un tratado de Yoga,
o filosofía de la unión del hombre con la divinidad,
mediante la acción, y resume siglos de especulaciones
de los antiguos brahmanes de India.*]

Kalidasa (siglo V d. C.)

LA PRIMAVERA

Amor mío: vino la primavera.
El amor ha tendido sobre su arco,
como una cuerda,
una guirnalda de abejas;
una rama de mango florido
le sirve de flecha.
Viene dispuesto
a traspasar los corazones,
que acuden a la voz de los deseos.

TARDE LLUVIOSA

Las cabelleras de las mujeres,
por donde resbala el sol húmedo
en la tarde lluviosa,
hacen pensar en los aguaceros
que anuncian la tormenta.

UN PADRE BENDICE A SU HIJA QUE MARCHA HACIA SU ESPOSO

Que tu viaje sea alegre,
que en todo tu camino te refresquen
los estanques cubiertos de lotos verdes;
que en el calor del mediodía
puedas descansar
a la sombra de los árboles
de denso follaje;
que el polvo del camino sea para ti
suave como polen,
que el viento se calme
y se quede tranquilo.
Que la prosperidad te acompañe.

LA NUBE MENSAJERA

fragmentos

[*En este poema, un yaksha, especie de semidiós, encargado
de cuidar los lotos de oro de un estanque encantado,
abandona una noche su tarea para reunirse con su amada.
En su ausencia entran unos elefantes y destruyen las flores.
Los dioses, entonces, destierran en castigo al yaksha quien,
alejado de su esposa y de su hogar, pide a una nube
que le lleve un mensaje a su amada mujer.*]

Nube, tú que estás al abrigo del tiempo,
tú, que eres libre,
lleva noticias mías a mi esposa,
de quien los dioses irritados me han separado.
Ve a la ciudad de Alaka,
donde viven los yakshas;
es una ciudad cuyos palacios son blancos
bajo la luna resplandeciente.

Las mujeres que encuentres en tu camino,
nube, levantarán hacia ti las cabezas
adornadas de hermosas trenzas
y te verán recorriendo el camino del viento.
De pronto, soplará una suave brisa
que hará susurrar
las ramas de los árboles.
Mira: los pájaros te rinden homenaje,
nube magnífica:
te consideran la reina de los aires.

Cuando llegues a Avanti,
párate sobre esa ciudad
parecida a un pedazo de cielo en la tierra;
allí soplan brisas perfumadas
llenas del canto de los pájaros
que alegran los sentidos
y vuelven a las mujeres lánguidas
como si estuvieran enamoradas.

En esa ciudad verás bazares espléndidos
atestados de joyas:
diamantes enormes
circundados de perlas,
esmeraldas del color del mar,
y miles de pedazos de coral
que han dejado al océano
vacío de piedras preciosas.

Luego llegarás a la ciudad de Alaka
a cuyos pies el Ganges se extiende
como un tapiz de lapislázuli
y que está cubierta de nubes oscuras
de las que cae la lluvia
como las perlas desprendidas
del cabello de una mujer.
En el palacio de Alaka
las mujeres llevan lotos en las manos
y en los cabellos flores recién cortadas.
Allí las tinieblas no existen
porque la luna brilla para siempre.
Los dioses, abrazando los cuerpos
        de sus mujeres,
se pasean por las brillantes terrazas
alumbradas por las estrellas
y los yakshas se pasean
con las hijas de los dioses
en los jardines perfumados.

Allí nube, verás mi casa,
bajo unos árboles cargados de flores
cerca de un estanque al que conduce
una escalera de piedras preciosas,
cubierto de lotos de oro
y rodeado de aves llamadas flamencos
que te esperan como a un amigo.

Allí verás a mi esposa, joven y bella,
de mirada triste y pechos prominentes.
Ha sido dada al mundo por Braman
como modelo de las otras mujeres.
La verás como una flor abandonada,
solitaria y triste
porque su esposo no está con ella.
Sus ojos están llenos de lágrimas, y su rostro,
escondido entre sus cabellos despeinados
será como la luna cuando la oscureces
con tu masa negruzca.

Entonces, nube, transmítele mi mensaje,
la hallarás, en su lecho, tendida,
llorando,
enflaquecida, como la luna menguante
suspirando y buscando en el sueño,
imaginando que recibe mis besos.
Al verla derramarás gotas
que serán tus lágrimas,
y verás entonces cómo con tu presencia
abre sus ojos,
parecidos a las flores de loto.
Si duerme, acércate a ella, nube,
y respeta su sueño,
no interrumpas su ilusión,
en la que tal vez, cree apoyar
su cabeza entre mis brazos.
Pero en cuanto despierte
con la brisa dulce de tus gotas de agua,
déjala oír los susurros
que serán tus palabras, y dile:
tu esposo no ha muerto.

Vive en una ermita
y piensa todo el tiempo en ti.

Nube, llévale este discurso a mi esposa
como si lo pronunciara yo mismo:
Mi amor, mujer amada mía,
busco en mí mismo las fuerzas necesarias
para hacer frente a la adversa fortuna;
anímate en tu soledad,
porque nuestra separación
pronto terminará.
Y, luego, nube, añade estas palabras:
Cuando estemos otra vez reunidos
dormiré a tu lado
y rodearás mi cuello con tus brazos,
y tendrás sueños felices.

Y luego, nube, cuando la veas tranquila,
ven pronto a traerme
las palabras de mi esposa,
y me darás la vida,
como tus gotas de agua
devuelven la frescura
a las flores marchitas.
Nube amiga: haz lo que te pido.
Sé que no te niegas
aunque guardes silencio.
Concédeme este favor: vete,
emprende el vuelo
por el camino que te he señalado.
Considera mi dolor,
piensa en lo que sentirías
si te separaran del rayo, tu esposo…

[*Kalidasa es el más grande dramaturgo y poeta lírico de India.*]

Sankara (c. 788 – c. 820)

HIMNO TÁNTRICO A ANNAPURNA

Tú que sostienes el mundo múltiple
visible e invisible,
que abrigas el universo en tu seno,
que cortas el cordón del juego
que nosotros jugamos aquí abajo,
que enciendes en nosotros la lámpara de la sabiduría,
que alegras el corazón de tu señor, Shiva,
oh, divina reina de las reinas de la Santa Benares,
dispensadora celeste de alimentos inagotables,
séme propicia y concédeme el don.

Yaiyádeva (siglo XII)
Del *Guita Govinda*

CANCIÓN

El estío es delicioso:
soplan brisas de las colinas
cargadas de perfumes,
en los bosques resuenan
los cantos de los pájaros
y se inclinan las ramas de los árboles
bajo el peso de sus flores
donde se posan zumbando las abejas doradas.

Los árboles se cubren
con guirnaldas de hojas nuevas
parecidas al perfume penetrante
del almizcle[2] de los antílopes.
Y las flores son como lanzas que desgarran
el corazón de la mujer abandonada.

Jari[3] está aquí,
bailando con las jóvenes pastoras.
Oh, Rada, el estío es interminable
para quien está separado de su amor.

QUEJA DE RADA

Mi alma se acuerda de Jari,
que en el baile se divierte
y se burla de mí.
Con su cabello que le llega, hasta los hombros,
y su cabeza que oscila,
y sus ojos que miran de perfil,
Jari, el de la flauta encantadora
que en sus labios levemente entreabiertos
resuena con notas dulces como la miel.

Mi alma se acuerda de Jari,
que en el baile se divierte
y se burla de mí.

---

2. Almizcle: sustancia perfumada que se extrae de una bolsa que tiene en el vientre un rumiante llamado por ello almizclero.
3. Jari, o Hari: sobrenombre del dios Krishna; la leyenda dice que le gustaba enamorar a las pastoras.

Kabir (1398 – 1448)

NO VAYAS AL JARDÍN DE LAS FLORES

¡No vayas al jardín de las flores!
¡Oh, amigo, no vayas allí!
¡En tu cuerpo está el jardín de las flores!
Siéntate entre los mil pétalos del loto, y allá
contemplarás la Belleza Infinita.

LA LUNA BRILLA EN MI CUERPO

La luna brilla en mi cuerpo,
pero mis ojos no pueden verla.
La luna está dentro de mí,
y también el sol.
El tambor de la eternidad,
el tambor no tocado,
resuena dentro de mí,
pero mis oídos no pueden escucharlo.

La flor se abre y da paso al fruto:
cuando éste llega, la flor se marchita.
La esencia del almizcle está en el ciervo,
pero él lo busca afuera.

EL ÁRBOL DE LA VIDA

Hay un árbol extraño
que crece sin raíces y da fruto sin florecer;
no tiene ramas ni hojas:
todo él son flores de loto.
Hay dos pájaros en él:
uno es el Maestro,
y el otro el discípulo.
El discípulo elige los múltiples frutos
de la vida y los prueba;
el Maestro observa con alegría.

Lo que Kabir dice no es fácil de comprender:
"El pájaro está más allá de la visión,
sin embargo es claramente visible;
el Ser sin forma está en medio de todas las formas.
Yo canto la gloria de las formas."

DANZA, CORAZÓN

¡Danza, corazón! ¡Danza con alegría!
Las cuerdas del amor llenan los días
y las noches de dulce música,
y el mundo escucha su melodía.
La vida y la muerte bailan al ritmo de esa música.
Las montañas, el mar y la tierra danzan.
El mundo del hombre danza
llorando y riendo al mismo tiempo.

¡Mirad!: mi corazón baila recreándose en Él
y mi Creador me observa complacido.

Mira Bai (siglo XV)

ESTE AMOR

Este amor errante es la raíz
de todo sufrimiento.
Cuando viene a cortejarme dice cosas
que luego olvida fácilmente.
Coger una flor
o romper una promesa
tardan idéntico tiempo.

Cuando Tú estás ausente
hay una espina en mi corazón.

MI AMOR SE HA IDO

Mi amor se ha ido:
no puedo dormir;
sufro la agonía de Su ausencia.
El fuego de Su amor me hace peregrinar.
En Su ausencia
el templo está vacío y solitario,
no hay luz alguna que pueda encender.

En mi cama yazgo sola:
toda la noche estaré despierta.

MI SEÑOR

Mi Señor,
Tú me enseñaste amor.
¿Dónde te has ido?
Mi compañero fiel,
escondiste esta vela de amor.
¿Por qué me has abandonado?
Enviaste la balsa del amor a navegar
y te olvidaste de mí
en la mar alta del dolor.

¿Cuándo volverás?
Sin ti mi vida no significa nada.

Vidyápati (siglo XV)

CARA DE LUNA

Te robaste la luna,
muchacha,
te van a descubrir.

Baja los ojos.
No provoques la envidia
de los astros celosos.

Por ti pueden venir
eclipses y desastres:
te robaste la luna.

Y no puede evitarse:
lo van a descubrir.

NO ESTÁ BIEN

Cuando ronde el jardín,
Verá que ni lo veo.

Cuando me ruegue,
Ni le contestaré.

Cuando me abrace,
Lo miraré con furia.

Cuando me bese,
Menearé la cabeza.

No está bien.

LA TONTA

Mañana volveré, me dijo aquella noche.
Tengo alfombrado el piso de escribir: mañana.
¿Cuándo será mañana?, me preguntan.
Mañana, mañana...
           ¡No volvió!

Anónimos (siglo XIII a. C.)
Dos textos del *Deuteronomio*

CÁNTICO DE MOISÉS

fragmento

Escuchen, cielos, y hablaré,
y oiga la tierra las palabras de mi boca.
Se derramará como lluvia mi doctrina,
mi discurso caerá como rocío,
como llovizna sobre la yerba,
como gotas de lluvia sobre el césped:
voy a celebrar el nombre de Dios.
Él es la roca, sus obras son perfectas.
Pregunta a tu padre y te enseñará;
a los ancianos, y ellos te dirán:
cuando el Altísimo repartió las naciones
y dividió a los hijos de los hombres,
estableció las fronteras de los pueblos
según el número de los hijos de Dios.

BENDICIÓN DE MOISÉS

Bendita de Dios sea tu tierra.
Por los regalos de los cielos,
por el rocío y por el abismo que abajo yace,
por los regalados frutos del sol,
por los frutos selectos de la luna,
por la cumbre de los viejos montes
y lo mejor de las antiguas colinas;
por los dones de la tierra y su abundancia.
Descienda sobre la cabeza de José,
sobre la frente del príncipe de sus hermanos,
el gracioso don del que habitó en la zarza.
Su gloria es como un toro primogénito,
sus cuernos, como los cuernos del búfalo
con que embiste a los pueblos
de todos los confines de la tierra.

[*Estos poemas pertenecen al* Deuteronomio *o "Segunda ley",
el último de los cinco libros iniciales de la Biblia. La tradición
atribuye su composición a Moisés, aunque actualmente se duda
que sean obra de un solo autor.*]

Anónimo (c. siglo VI a. C.)
Del *Libro de Job*

fragmentos

Entonces Dios respondió a Job desde
    la tempestad, y dijo:
¿Quién es éste que empaña mi consejo
con palabras desnudas de sentido?
Prepárate como hombre, Job: voy a preguntarte;
tú me responderás.
¿Dónde estabas cuando yo hice la tierra?
¿Sabes quién señaló sus dimensiones
y en qué base descansan sus cimientos?
¿Sabes quién guardó el mar entre dos puertas
cuando le puse límites al agua?
¿Acaso has descendido al fondo del océano?
¿Te han mostrado las puertas de la muerte?
¿Has visto a los porteros del País de la Sombra?
Respóndeme, si sabes, estas cosas.
¿Sabes dónde vive la luz? ¿Conoces
en qué lugar se ocultan las tinieblas?
¿Has ido a los depósitos de nieve?,
¿has visto las reservas de granizo
que guardo para el tiempo de la angustia,
para el día de la guerra y del combate?
¿Por dónde va la luz, por dónde el viento?
¿Quién le abre un canal al aguacero
y una ruta al relámpago y al trueno?
¿Tiene padre la lluvia?
¿Quién engendra las gotas de rocío?
¿Conoces tú las leyes de los cielos?
¿Levantas tú la voz hasta la altura
para que te obedezca la masa de las aguas?

¿Mandas a los relámpagos y vienen
diciéndote: Aquí estamos?
¿Le cazas tú la presa a la leona
para calmar el hambre de sus hijos,
cuando están en la cueva, o al acecho,
agazapados entre la maleza?
¿Quién le prepara al cuervo su alimento?
¿Sabes tú cuándo paren las gacelas?
¿Has asistido al parto de las ciervas
y contado sus meses de preñez?
¿Querrá servirte el búfalo salvaje
y pasarse la noche en tu pesebre?
¿Podrás atarle al yugo con coyundas
y hacerle arar los surcos tras de ti?
¿Por tu causa el halcón levanta el vuelo
y despliega sus alas hacia el sur?
¿Por orden tuya se remonta el águila
y va a colgar su nido en las alturas?
¿Todavía quieres discutir con Dios?

Y Job respondió a Dios y dijo:
Hablé sin pensar, ¿qué puedo responder?
Me taparé la boca con la mano.
Hablé una vez, y ya no diré nada;
Acaso dos, y nada añadiré.

[...]

Y Dios respondió a Job desde la tempestad,
    y dijo:
Prepárate como hombre, que voy a preguntarte;
Tú me responderás.
¿Intentas en verdad romper mis juicios?

¿Pretendes condenarme
con tal de quedar tú justificado?
¿Tienes tal vez un brazo como el mío?
Vístete entonces de gloria y majestad,
cúbrete de esplendor y de grandeza;
enciende así la furia de tu cólera,
esparce los furores de tu ira
y aplasta a los malvados.
Entonces yo te rendiré homenaje:
diré que has alcanzado la victoria.
Mira a Behemot, el hipopótamo
criado por mí como lo fuiste tú,
que vive de la hierba, como el buey,
cuya fuerza reside en sus riñones,
su vigor en los músculos del vientre,
y levanta la cola como un cedro.
Los nervios de sus muslos están entrelazados,
sus huesos son como tubos de bronce
y sus miembros como barras de hierro.
Su autor es el único que puede amenazarlo.
Se recuesta debajo de los lotos,
en medio de las cañas del pantano;
los árboles lo cubren con su sombra,
lo circundan los sauces del torrente,
no se inmuta aunque vaya fuerte el río.
¿Podrías sujetarlo por los ojos
y horadar su nariz con una estaca?
¿Pescarás con anzuelo a Leviatán,
el cocodrilo, y con muchos cordeles
sujetarás su lengua?
¿Le meterás un garfio en las narices,
u horadarás con ganchos su quijada?
¿Él será quien te ruegue muchas veces
y te hable amablemente?

¿Hará pacto contigo
y estará a tu servicio para siempre?
¿Podrás jugar con él
lo mismo que se juega con un pájaro?
¿Será como juguete de tus hijas?
¿Servirá de comida a tus amigos?
¿Podrás acribillar su piel con dardos
o el arpón clavarás en su cabeza?
Atrévete a tocarlo,
pon la mano sobre él:
te quedará el recuerdo de una lucha
a la que seguro jamás has de volver.
De su boca brotan chispas de fuego,
a su aliento se encienden los carbones
y saltan llamaradas de sus fauces.
Cuando se alza, las olas tienen miedo,
su corazón es duro, como roca,
resistente como piedra de molino.
No hay en la tierra nadie que le iguale.

[...]

Entonces Job respondió a Dios, y dijo:
Yo sé que tú eres Todopoderoso,
que puedes realizar lo que tú quieras.
Hablé sin comprender tus maravillas.
No te conocía, sólo de oídas.
Pero hoy te he visto con mis propios ojos.
Por eso me arrepiento.

*[El Libro de Job narra la historia de un hombre justo
castigado por Dios sin merecerlo. Es un gran poema filosófico
que examina las razones de la pena y la culpa y cuestiona
las relaciones del hombre con la divinidad.]*

David (siglo X a. C.)
Salmos

EL CAMINO

Feliz el que no escucha
el consejo de los malos,
porque él será como un árbol
plantado junto a un arroyo,
que da fruto a su tiempo
y sus hojas no caen,
y todo lo que hace
le sale bien.

ORACIÓN AL DESPERTAR

Escucha, Señor, mis palabras,
atiende mi lamento;
hazme caso, Rey y Dios mío,
porque a ti te suplico.

En la mañana, Señor, oyes mi voz,
en la mañana te ofrezco mi súplica.
Y esperaré: tú no amas la maldad,
los perversos no viven junto a ti.

Los injustos no están delante de tus ojos.
Aborreces a los que hacen el mal
y desbaratas a los mentirosos
y al hombre sanguinario y al falaz los detestas.

Yo entraré en tu casa, Señor,
me postraré en tu templo,
lleno de tu temor. Guíame,
Señor, en tu justicia.

A causa de mis adversarios
endereza el camino frente mí,
porque no hay en su boca rectitud,
en sus entrañas son malignos,

su garganta es como un sepulcro abierto,
adulan con su lengua.
Señor, desbarata a mis enemigos,
haz que fracasen sus intrigas y échalos,
porque se rebelaron contra ti.

Han de alegrarse todos
los que confían en ti,
para siempre te cantarán con júbilo,
porque tú los defiendes.

En ti se regocijarán
los que aman tu nombre.
Porque tú, Señor, bendices al justo
y lo guardas, como un escudo.

EL BUEN PASTOR

Jehová es mi pastor, nada me falta.
Por prados de fresca hierba me apacienta;
hacia aguas de reposo me conduce
y conforta mi alma.

Me guía por senderos de justicia,
por amor de su nombre.
Aunque ande en valle tenebroso,
ningún mal temeré, porque tú vas conmigo:
tu vara y tu cayado[1] me sostienen.

Preparas ante mí una mesa
frente a mis adversarios;
con óleo unges mi cabeza,
mi copa rebosando.

Sí, dicha y gracia me acompañarán
todos los días de mi vida;
mi morada será la casa de Jehová
todo lo largo de mis días.

BALADA DEL DESTERRADO

A orillas de los ríos de Babilonia
nos sentábamos a llorar
acordándonos de Sión.
En los sauces de la orilla
colgábamos nuestras cítaras.
Y los que nos habían llevado cautivos
nos pedían alegría,
nos pedían que cantáramos
diciendo:
"Canten para nosotros algunos himnos de Sión."

¿Cómo podríamos cantar
las canciones de Dios
en una tierra extranjera?
Si me olvido de ti, Jerusalén,
que mi mano derecha sea cortada;
que mi lengua se pegue a mi paladar
si no te recordara, Jerusalén,
si no te ensalzara por encima de todas las cosas.

¡Hija de Babel, devastadora,
feliz quien te devuelva
el mal que nos hiciste,
feliz quien agarre y estrelle
a tus niños contra la roca!

---

1. *Cayado: palo o bastón que usan los pastores.*

HOMENAJE AL QUE TODO LO SABE

Señor, Dios mío,
tú me has examinado y me conoces.
No se te oculta nada de mi vida.
¿Cómo podría alejarme de tu espíritu?

¿A dónde podría ir que no estés tú?
¿Dónde me escondería de tu presencia?
Si subo hasta los cielos ahí estás,
si bajo hasta el infierno ahí te encuentro.

Si robando las alas a la aurora
me fuera hasta el extremo de los mares,
allí también tu mano me guiará,
habrá de sujetarme tu derecha.

Aunque diga: "Desciendan las tinieblas,
y la noche cayera sobre mí, para ti
ni la misma tiniebla es tenebrosa,
la noche es luminosa como el día.

Porque tú mis riñones has formado,
me tejiste en el vientre de mi madre,
te doy gracias por tantas maravillas,
prodigio soy, prodigios son tus obras.

¡Qué difíciles son tus pensamientos,
Señor, qué numerosos; si los cuento
suman más que la arena, y al final,
todavía estoy contigo!

Examíname, oh Dios, conoce mi alma,
pruébame y reconoce mis desvelos,
mira que no haya en mí camino de dolor
y llévame por el camino eterno.

Salomón (siglo X a. C.)

EL CANTAR DE LOS CANTARES
Canción de canciones que cantó Salomón
fragmentos

Ella:
Bésame con los besos de tu boca:
        tu amor es más sabroso que el vino.
¡Y el olor de tus perfumes, tan dulce!
        Por eso las muchachas te amaron.
Llévame contigo, corramos.
        Introdúceme, oh rey, en tu aposento:
nos alegraremos y gozaré contigo.
        Me acordaré más de tu amor que del
vino.
El amor te ama.

Él:
A una yegua salvaje de mi carro
        te comparo, amiga mía.
Son más bellas tus mejillas que tus joyas,
        tu cuello más hermoso que tus perlas.
En vano te daría pulseras de oro
        incrustadas con plata.
En verdad que eres hermosa, amada mía,
        en verdad que eres hermosa
con tus ojos de paloma.

Ella:
Soy la rosa de Sharón,
        la azucena de los valles.

Él:
Eres como una rosa entre espinas
        en medio de las muchachas.

Ella:
Eres como un manzano en el bosque
   en medio de los muchachos.
A tu sombra me senté
  y tu fruto dulce fue a mi boca.

Él:
Yo les ruego,
  hijas de Jerusalén,
por los ciervos y gacelas de los campos,
  no despierten a mi amor
hasta que quiera.

Ella:
¡Es la voz de mi amado!
  Viene a mí
saltando sobre los montes,
brincando por las colinas,
parecido a una gacela
  o a un joven cervatillo,
viene a mí.

Él:
¡Ven, levántate, amor mío, hermosa mía!
  Mi paloma que te ocultas
en las grietas de la roca:
  Déjame ver tu cuerpo,
déjame oír tu voz.
  ¡Es tan dulce tu voz,
tan hermoso tu cuerpo!

Ella:
Mi amor: eres mío
  y yo soy tuya.
Cuando el día refresque,
  y se alarguen las sombras en la tarde,
vuelve, ven, amado mío,
  parecido a una gacela
o a un joven cervatillo
de los montes de Bether.

Él:
¿Quién es ésta
  que se acerca como el alba,
hermosa como la luna,
  refulgente como el sol,
imponente como un ejército
  puesto en orden de batalla?
Vuelve, vuelve, Sulamita,
  vuelve, vuelve
para que te pueda ver.

De *El Eclesiastés (El Predicador)*

1

Palabras del Predicador, hijo de David, rey en Jerusalén.
Vanidad de vanidades, todo es vanidad.
¿Qué provecho saca el hombre del esfuerzo que hace bajo el sol?
Pasa una generación y viene otra, pero la tierra siempre permanece.
Sale el sol y se pone el sol y corre al sitio de donde vuelve a nacer.
El viento sopla hacia el sur, gira hacia el norte:
no deja nunca de dar vueltas, y vuelve de nuevo.

Todos los ríos van al mar, y el mar nunca se llena;
y los ríos regresan al lugar de donde vinieron para correr de nuevo.
Todo cansa más de lo que el hombre puede decir,
y no se sacia nunca el ojo de ver ni el oído de oír.

Lo que fue
es lo mismo que será:
nada hay nuevo bajo el sol.

2

Todo tiene su momento y cada cosa su tiempo bajo el cielo:
tiempo de nacer y tiempo de morir;
tiempo de plantar y tiempo de arrancar lo plantado;
tiempo de matar y tiempo de curar,
tiempo de destruir y tiempo de edificar,
tiempo de llorar y tiempo de reír;
tiempo de sufrir y tiempo de danzar;
tiempo de arrojar piedras y tiempo de recogerlas;
tiempo de abrazar y tiempo de separarse;
tiempo de romper y tiempo de coser;
tiempo de buscar y tiempo de perder;
tiempo de guardar y tiempo de tirar;
tiempo de callar y tiempo de hablar;
tiempo de amar y tiempo de odiar;
tiempo de guerra y tiempo de paz.

[*Aunque generalmente se identifica como el autor de* El Eclasiastés *a Salomón, se piensa que el verdadero autor fue un judío de Palestina.*]

Jeremías (siglo V a. C.)

LAMENTACIONES

1

El señor obró como enemigo,
devoró a Jerusalén,
destruyó sus palacios,
derribó sus fortalezas,
humilló al reino y a sus príncipes.
Sus puertas fueron echadas a tierra;
destruyó y rompió sus cerraduras.
Jehová ha hecho lo que tenía determinado;
ha cumplido su palabra:
destruyó y no perdonó.
Fortaleció el poder de los enemigos.
El día de la furia de Dios
nadie pudo salvarse.

2

Pisotear a los pobres de la tierra,
quebrantar el derecho y la justicia,
¿no ha de verlo el Señor?
¿Quién puede decir que lo que pasa
no lo mandó Él?
¿No salen de su boca
lo bueno y lo malo?

Isaías (siglo V a. C.)

ADMIRABLE, CONSEJERO, DIOS FUERTE

Porque un niño nos es nacido,
un hijo nos es dado;
y el principado sobre su hombro:
y llamaráse su nombre
Admirable, Consejero, Dios fuerte,
Padre eterno, Príncipe de paz.

Lo dilatado de su imperio y la paz
no tendrán término
sobre el trono de David y sobre su reino,
disponiéndolo y confirmándolo
en juicio y en justicia
desde ahora para siempre.
El celo del Señor de los ejércitos hará esto.

RUINA DE BABILONIA

Murmullo de multitud en los montes
como de mucho pueblo;
murmullo de ruido de reinos,
de gentes reunidas.

El señor Dios de los ejércitos
ordena las tropas de batalla.
Vienen de lejana tierra,
de lo postrero de los cielos,
el Señor y los instrumentos de su furor
para destruir toda la tierra.
Y el exterminador tendrá fin,
El atormentador será consumido sobre la tierra.

En aquel día mirará el hombre a su Hacedor,
y sus ojos mirarán al Santo.
En aquel tiempo los sordos oirán las palabras del
Libro
y los ciegos verán en medio de la oscuridad.

Entonces los humildes se regocijarán
y los pobres se alegrarán cada día más.

[Isaías está considerado el gran poeta clásico de la Biblia.]

El apóstol Juan (siglo I d. C.)

EL VERBO

En el principio era el Verbo[2]
y el Verbo era con Dios
y el Verbo era Dios.
Éste era en el principio con Dios.
Todas las cosas por él fueron hechas
y sin él nada de lo que es hecho
fue hecho.
En él estaba la vida
y la vida era la luz de los hombres,
y la luz en las tinieblas resplandece,
mas las tinieblas no la comprendieron.
El Verbo era la luz verdadera
que ilumina a todo hombre
que viene a este mundo.
En el mundo estaba
y el mundo fue hecho por él
y el mundo no lo conoció.
Vino a su casa
y los suyos no lo recibieron.
Pero a los que lo recibieron
le dio poder de hacerse hijos de Dios.
Y el Verbo se hizo carne
y habitó entre nosotros.
A Dios nadie lo ha visto jamás:
al Hijo único,
que está en el seno del Padre,
él lo ha contado.

2. *Verbo: palabra que expresa existencia o acción.*

Del *Apocalipsis* o *Revelación*

fragmento

Yo, Juan, fui en el Espíritu en el día del Señor
y oí detrás de mí una gran voz, como de trompeta,
que decía: "Yo soy el primero y el último.
Escribe en un libro lo que veas y envíalo por todo el mundo."
Y me volví para ver quién hablaba conmigo
y vi siete candeleros de oro y en medio de los siete candeleros
a uno semejante al Hijo del hombre,
vestido de una ropa que le llegaba hasta los pies,
y ceñido el pecho con una cinta de oro.
Su cabeza y sus cabellos eran blancos,
como la lana blanca, como la nieve,
y sus ojos eran como llama de fuego.
Y sus pies semejantes al bronce bruñido,
ardientes como en un horno,
y su voz como el ruido de muchas aguas.
Tenía en su mano derecha siete estrellas
y de su boca salía una espada de dos filos,
y su rostro era como el sol cuando resplandece en su fuerza.
Y cuando lo vi, caí como muerto a sus pies.
Y él puso su mano derecha sobre mí, diciéndome:
"No temas, yo soy el primero y el último."

POESÍA HEBREA POSTBÍBLICA (siglos X – XI d. C.)

Samuel ibn Nagrella (939 – 1056)

SI TE AGRADARA, COMO A NOSOTROS

Si te agradara como a nosotros,
juntarnos a beber
el vino que alegra el corazón,
oye las palabras que te digo
y te mostraré el camino que conduce a la alegría;
mas si no hicieras caso,
serás para mí un amigo triste,
pues hay cinco cosas que alegran el corazón
y disipan las penas:
una muchacha hermosa, un jardín, el vino,
el murmullo de los arroyos y la poesía.

Mosé ibn Ezra (c. 1055 – c. 1138)

DOY MI VIDA

Doy mi vida por estas bellas muchachas:
sus cabellos son negros como la noche
y su rostro blanco como la luna,
cuando tocan la flauta
o la cítara en sus pechos,
parecen madres que amamantan a sus hijos.

Yahuda Ha–leví (c. 1075 – c. 1161)

UN HARÉN EN EGIPTO

¡Eh, cantantes!: ¡canten su hermosura!
Y ustedes, tañedores: ¡acompáñenlos!
Las más bellas muchachas de Oriente
esparcen su belleza alrededor.
Ellas no necesitan lanzas para el torneo:
sus pulidos hombros desnudos les bastan.
Perezosas hasta para levantar los párpados,
sus cadenas de oro y sus alhajas colgantes
      las esclavizan.
Parece que estás confundiendo
mujeres resplandecientes con árboles floridos:
sobre el doble collar de perlas de sus dientes
huelen frescos los corales de sus labios.
Sus senos son como manzanas tiernas
y como rosa fresca sus rostros;
sus talles, esbeltos como palmeras,
y sobre ellos
la luz y la sombra sueñan.

LA NOSTALGIA

Mientras mi corazón está en Oriente
y aquí en Occidente yo preso,
¿cómo puede la vida serme un bien
si no puedo disfrutarla?
¿Cómo puedo cumplir lo prometido
corriendo detrás de mi nostalgia?
Mientras los moros me tienen prisionero
poca cosa es para mí
la sonrisa, el deleite;
si mi amor va hacia el polvo
de mi patria en sus ruinas.

Abraham ibn Ezra (1092 – 1167)

LA ESFERA Y LOS SIGNOS

La esfera y los signos del zodiaco
se desviaron en sus órbitas cuando nací.
Si lo que yo vendiera fueran lámparas,
no se habría ocultado el sol
hasta el momento de mi muerte;
aunque me esfuerzo por prosperar,
no tengo ningún éxito
porque estropean mi suerte las estrellas
      de mi cielo;
si lo que vendiera fueran ataúdes,
nadie moriría en el transcurso de mi vida.

Homero (c. 850 – 750 a. C.)
De *La Ilíada*

DIÁLOGO ENTRE HÉCTOR Y ANDRÓMACA

[*Héctor sale de su casa en busca de su esposa.*]

Cuando, tras atravesar la gran urbe, llegaba a las puertas
Esceas, pues por allí iba a salir hacia el llano,
allí su esposa rica en dones ante él vino corriendo,
Andrómaca, la hija de Eetión arrogante;
ella lo encontró entonces, y con ella llegó su sirvienta
teniendo en brazos al niño tierno de mente, aún sin habla,
al su hijito amado, bello como una estrella,
a quien Héctor llamaba Escamandrio, y los otros
Astianacte[1], pues defendía a Ilión el solo Héctor.
Entonces él sonrió, viendo en silencio a su niño,
y Andrómaca se detuvo cerca de él, sollozando,
y le asió de la mano, y su palabra habló, y lo nombraba:
"Insensato, tu ánimo te destruirá, y no compadeces
al niño aún sin habla y a mí, desgraciada, quien pronto enviudada
de ti seré, pues pronto te matarán los aqueos.
Yo padre y venerada madre no tengo,
pues ya al padre mío dio muerte el divino Aquileo,
que de los cilicios[2] saqueó la ciudad bien poblada,
Tebas de altas puertas, y a Eetión dio la muerte.
Y los siete hermanos que tenía yo en los palacios,
todos ellos en un día adentro del Hades[3] se fueron,
pues mató a todos, por sus pies guardado, el divino Aquileo.
Mas a mi madre, que reinaba bajo el Placo[4] selvoso,
la envió él de regreso, tras recibir infinitos rescates.
Héctor, para mí el padre y la venerada madre tú eres,
y el hermano, y tú, para mí, el floreciente marido;
pero, ea, compadécenos y en la torre, aquí, quédate;
no hagas a tu niño un huérfano, y a tu mujer una viuda."

1. Astianacte: el nombre significa "Señor de la ciudad".
2. Cilicios: habitantes de Cilicia, región del Asia Menor.
3. Hades: el mundo de los muertos.
4. Placo: nombre de un monte.

Y su vez le dijo el gran Héctor, centelleante el yelmo:
"También todo esto me es cuidado, mujer; mas muy grandemente
me avergonzaría, ante troyanos y troyanas de largos peplos[5],
si lejos, como un cobarde, esquivara la guerra;
y no me lo manda mi alma, pues aprendí a ser valiente
siempre, y a combatir entre los primeros troyanos
buscando adquirir la gran gloria de mi padre y la mía.
Y aun el dolor de los troyanos no me es hoy tanta más pena,
ni el de mis hermanos, quienes muchos y bravos
en el polvo caerán por mano de hombres hostiles,
como el tuyo, cuando alguien de los aqueos de espada broncínea,
privada del día de tu libertad, sollozante te lleve;
y acaso, estando en Argos, para otra tejas la tela,
y acaso traigas agua del pozo o de la fuente,
muy mal de tu grado, y la fuerte necesidad te acongoje.
Y entonces alguien dirá al verte verter una lágrima:
'Ésta, la mujer de Héctor, quien en combatir era el óptimo
de los troyanos domacaballos cuando ante Ilión combatían.'
Así hablará alguien entonces, y nuevo dolor te será.
Pero que, muerto, la amontonada tierra me esconda
antes aún que conozca de tu arrasamiento y de tu rapto."

En diciendo así, hacia su niño se tendió Héctor preclaro,
y hacia atrás el niño, al amparo de la bien ceñida nodriza
se acogió, gritando a la vista de su padre, asustado,
temiendo la espada y el penacho de cerdas equinas
al mirarlo asentir terrible desde la altura del yelmo.
Y el padre querido y la venerada madre sonrieron;
de la cabeza al punto el yelmo se quitó Héctor preclaro,
y, todo refulgente, lo depositó sobre el suelo.
Mas cuando besó al hijo querido y lo mimó con sus manos,
él dijo, a Zeus y a los otros dioses rogando:
"Zeus y los otros dioses: donad que aún llegue a ser éste
mi niño, así como yo, muy entre los troyanos ilustre,
valiente en su fuerza, y que fuertemente a Ilión señoree,
y en el futuro alguien diga: 'Él es mucho mejor que su padre.'

---

5. Peplos: *vestidura amplia y suelta, sin mangas, que usaban las mujeres en la antigua Grecia.*

En diciendo así, puso en las manos de la esposa querida
a su niño, y ella lo recibió en el pecho fragante,
sollozante, sonriendo, y se compadeció al verla el esposo,
la acarició con la mano, y su palabra habló, y la nombraba:
"Insensato en modo alguno; tanto por mí te aflijas en tu alma,
pues ningún hombre al Hades me enviará antes del tiempo fijado;
y digo que no hay nadie de los hombres que escape al destino.
Pero yéndote a casa, cuida de tus propios trabajos,
la tela y la rueca, y a tus sirvientas ordénales
ponerse al trabajo, y la guerra será cuidado a los hombres."

En hablando así Héctor tomó el yelmo de cerdas
equinas, y se partió a su casa la esposa querida,
volviéndose a verlo a veces, vertiendo muchas lágrimas…

[La Ilíada *relata el último año de la guerra de Troya, sitiada por el ejército*
confederado de los aqueos. Es el primer poema de una tradición
nacida en las costas griegas de Asia Menor, que se extendería a todo el mundo.]

Homero
De *La Odisea*

ODISEO DESCIENDE A LA REGIÓN DE LOS MUERTOS

[*Odiseo, rey de Ítaca, intenta volver a su patria después de haber triunfado en la guerra de Troya, pero se enfrenta a la cólera del dios del mar, que le impide el regreso. Siguiendo el consejo de la hechicera Circe, desciende al reino de los muertos para consultar sobre su futuro al alma del adivino Tiresias.*]

Y luego bajamos al barco,
pusimos proa a las rompientes, adentrándonos en el mar divino,
e izamos mástil y vela en ese aciago barco.
Cargamos borregos a bordo, y también nuestros cuerpos
pesados de llanto, y vientos de popa
nos empujaron hinchando las velas.
De Circe este barco, la diosa del bello peinado.
Sentados al centro, forzado el timón por el viento,
con velas tendidas, navegamos hasta el final del día.
El sol hacia su ocaso, las sombras cubriendo el océano.
Llegamos al límite del agua profunda,
a las tierras cimerias[6], a ciudades pobladas
cubiertas de niebla de apretada trama,
jamás traspasada por brillo de sol
ni toldo de estrellas, ni la negra noche jamás devolvía desde el cielo
la mirada de aquellos infelices hombres ahí.
Refluyendo el océano, llegamos al lugar
anunciado por Circe.
Cumplieron los ritos Perímedes y Euríloco,
y yo, sacando mi espada,
cavé cuadrada fosa de un codo[7] por lado,
e hicimos libaciones en honor de cada muerto,
aguamiel primero y luego vino dulce, y agua mezclada con harina blanca.
Entonces elevé muchos rezos a las tristes calaveras,
como es costumbre en Ítaca, toros estériles de los mejores
para el sacrificio, levantando una pira de ofrendas,
una oveja a Tiresias, a él solo, negra guía de rebaños.

6. *Cimerias: región situada a orillas del Mar de Azof, en Asia Menor.*
7. *Codo: antigua medida de longitud, que como su nombre lo indica iba del codo a la mano.*

La negra sangre se derramó en la fosa[8]
y al instante se congregaron, saliendo de las sombras,
las almas de los muertos: cadavéricas novias,
muchachos, ancianos que mucho habían sufrido,
ánimas manchadas de lágrimas recientes, tiernas niñas,
muchos hombres heridos por las lanzas,
despojos de batalla, con armas manchadas de sangre todavía.
Su muchedumbre me cercaba; pálido,
a gritos, pedí a mis hombres más bestias;
sacrificamos rebaños, borrregos degollados con bronce;
derramamos ungüentos, e invocamos gritando a los dioses;
desenvainé la angosta espada
y me senté rechazando a los impotentes, impetuosos muertos,
hasta oír a Tiresias.
Pero antes llegó Elpénor[9], Elpénor nuestro amigo,
insepulto, tirados sobre la vasta tierra
los miembros que dejamos en la casa de Circe,
sin llanto, sudario ni sepulcro, pues urgían otras tareas.
Espíritu digno de lástima. Y yo le grité con lengua apresurada:
"Elpénor, ¿cómo llegaste a esta costa oscura?
¿Viniste a pie, dejando atrás el barco?"
Y él, con palabras graves:
"Mala suerte y abundante vino. Dormí en casa de Circe.
Bajando sin cuidado las altas escaleras,
caí en el contrafuerte, y me rompí la nuca;
mi alma buscó el Averno[10].

---

8. *Fosa: como muchos otros pueblos antiguos, los griegos pensaban que si las almas de los muertos*
se alimentaban con sangre podían hablar.
9. *Elpénor: compañero de Odiseo que, como refiere el poema, murió en casa de Circe, donde quedó insepulto.*
10. *Averno: lago cerca de Nápoles, Italia, que se creía era la entrada al inframundo.*

Pero a ti, oh Rey, te pido me recuerdes, sin llanto, sin entierro;
amontona mis armas, y que mi tumba sea la orilla del mar, con este epitafio:
Un hombre sin fortuna, con fama por ganar.
Y clava allí mi remo, que usé entre compañeros…"
Vino entonces el alma de Tiresias, el tebano,
empuñando un cetro de oro; me reconoció, y habló primero:
"¿Por qué, hombre de mala estrella,
enfrentas a los desolados muertos en esta tierra triste?
Apártate de la fosa y déjame beber la sangre
para mi vaticinio."
Di un paso atrás,
y él, fortalecido con la sangre, dijo: "Odiseo,
regresarás sobre mares oscuros,
y perderás a todos tus compañeros…"

[*Homero es el más antiguo y el mayor de los poetas griegos. No se conocen con precisión los datos de su vida; se cuenta que era ciego. En la antigüedad siete ciudades se disputaron el honor de ser el sitio de su nacimiento.*]

Hesiodo (c. 700 a. C.)
De *Los trabajos y los días*

EL INVIERNO

No será siempre verano: construye cabañas.
Huye del invierno y de las heladas, que sobre la tierra
aparecen crueles con el soplo del viento norteño,
quien el mar espacioso soplando trastorna
y gimen la tierra y la selva; y muchas encinas y densos abetos
tumba en los cauces del monte cuando embiste la tierra
nutricia, y toda grita entonces la inmensa floresta.
Las fieras se erizan y entre las patas esconden las colas,
aun aquellas de piel recubierta de pelo; pero a ésas también
las traspasa, gélido, aunque tengan espeso el pelaje,
y aun el cuero del buey atraviesa, que no lo detiene,
y aun a la cabra velluda traspasa, aunque no a las ovejas,
porque poseen abundante lana, y no las traspasa.
La fuerza del viento del norte encorva al anciano,
pero a la doncella de delicada piel no daña
pues adentro de la casa, al lado de su madre, se queda,
y lavado bien el joven cuerpo y untado de esencias,
abundantemente, se guarda y va a acostarse en la casa
en el día invernal. Pues el sol no se muestra,
mas gira sobre la tierra y la ciudad de los hombres
negros, y resplandece después para todos los griegos.
Entonces los animales cornudos y los sin cuernos del bosque,
rechinando los dientes, temblando, por las matas escapan
del hielo, y a todos les importa esto en el alma:
donde, un abrigo buscando, tengan cuevas seguras;
y así vagan huyendo de la blanca nevada.

Entonces ponte un abrigo en el cuerpo, te exhorto:
un cálido manto y una túnica larga,
y en ellos envuélvete, para que no te tiemblen los pelos
ni, irguiéndose de punta por el cuerpo, se ericen.
Porque fría es la aurora cuando cruel el invierno se abate,
y matinal sobre la tierra, desde el cielo estrellado
una niebla gélida por los campos se esparce,
alta sobre la tierra, elevada por borrasca de viento,
y cae como lluvia en la tarde, y ya sopla
cuando el nórdico viento las nubes densas trastorna.
Que nunca, desde el cielo, la oscura nube te envuelva,
y tu cuerpo moje y los vestidos empape.
Evítalo, ea, porque un mes durísimo es éste,
invernal, duro a los rebaños y a los hombres.

[Los trabajos y los días *es un poema didáctico que exalta el valor del trabajo humano,
relacionándolo con la sucesión de las estaciones del año.*]

POETAS LÍRICOS GRIEGOS

Calino (siglo VII a. C.)

CIUDADANOS AL GRITO DE GUERRA

¿Hasta cuándo estaréis recostados? Jóvenes, ¿cuándo
tendréis un pecho valiente? De tanto abandono
¿no os avergüenzan los pueblos vecinos? ¡Pensabais quedar
en paz, y a todo el país lo arrebata la guerra!

[...]

Porque es noble y gracioso que luche el hombre, en defensa
de su tierra y de sus hijos y esposa legítima,
con quien los ataca; y la muerte, no habrá de venir sino cuando
las Parcas la hilaren. Ea, vamos todos al frente,
lanza en mano y oculto detrás del escudo el robusto
corazón, tan pronto se trabe el combate.

[...]

Porque al bravo guerrero que muere, el pueblo lo añora
y, si vive, casi lo tiene por dios;
porque a sus ojos lo ve igual que si viera una torre;
porque cumple hazañas de muchos, él solo.

Tirteo (c. 650 a. C.)

ES HERMOSO MORIR POR LA PATRIA

Admirable es morir, cuando cae en vanguardia
un hombre valiente peleando por el bien de la patria.
Pero dejar la propia ciudad y sus campos fecundos
y andar mendigando, es lo más doloroso de todo,
vagando sin fin con la madre querida, con el padre ya viejo,
y la esposa legítima y los hijos pequeños.
¡Jóvenes, ea, luchad con firmeza, hombro con hombro;
no iniciéis una huida afrentosa, ni cedáis al espanto,
ni penséis en la vida luchando en el frente!

LOS VENCIDOS

Cargados, lo mismo que asnos, con pesos enormes,
y sujetos a un triste dominio, pagando a unos amos
un medio de todos los frutos que dieran sus tierras...

Arquíloco (c. 640 a. C.)

DOBLE TRABAJO

Soy soldado
    y un experto en la amable poesía.

EL ESCUDO

Algún tracio andará feliz con mi escudo nuevo.
Lástima, haber tenido que dejarlo en el bosque.
Pero sobreviví: es lo importante.
Ya compraré otro escudo.

UNA MUCHACHA

Si pudiera tenerla entre mis brazos...
    Jugaba con una rama de mirto
y su pelo, como una rosa,
    daba leve sombra a su espalda.

A LANZA

A lanza amasan este pan que como.
A lanza gané el vino que bebo
apoyado en mi lanza.

ARENGA

Anima tú a los jóvenes:
    a los dioses les toca
determinar el triunfo.

Semónides (c. 630 a. C.)

LANZA DE BRONCE

Brilla, lanza de bronce, entre la noche,
mientras el viento sopla en los sarcófagos...

SALAMINA

Los griegos deshicieron el gran poder
de los persas cargados de oro.

LOS INVASORES

Fueron en busca del botín.
    Hallaron,
a manera de ofrenda fúnebre,
el mar,
    la noche,
        las embarcaciones.

BREVEDAD DE LA VIDA

Siendo tan largo el tiempo de los muertos
malamente vivimos pocos años.

Solón (c. 640 – c. 558 a. C.)

CONTRA LA CORRUPCIÓN

Nunca nuestra ciudad morirá por decreto de Zeus
ni por voluntad de los dioses siempre felices;
pues la magnánima hija de un padre fuerte la guarda,
Palas Atenea, poniéndole encima las manos.
Quienes tratan de hundir la ciudad, estúpidamente,
son sus propios vecinos, pensando en ganancias
y el juicio perverso de los caudillos del pueblo, llamados
a pagar con dolor su enorme arrogancia;
pues no saben frenar los excesos, ni un límite darle
a la alegría de hoy, calmando el banquete.
Y se enriquecen, siguiendo injustos empeños
y sin respeto alguno todo lo roban
y todo lo pillan, sagrado y profano, cada uno a su modo,
y no vigilan los fundamentos augustos
de la justicia, que calla, y presente y pasado conoce
y con el tiempo torna, sin falta, a vengarse.
Ya no vuelve a sanar la ciudad que padece esa llaga,
y no tarda en caer en la vil servidumbre
que despierta interna discordia y la guerra dormida.

VALLE DE LÁGRIMAS

En el mundo mortal
que el sol observa
ningún hombre hay feliz:
todo es miseria.

MAR Y VIENTO

Mar
    eres el espejo del orden
y te revuelves
            cuando así te lo ordena el viento.

Estesícoro (c. 590 a. C.)

HELENA

No te llevaron en las hondas naves.
No estuviste jamás en Troya.
Es mentira toda esa historia.

CANCIÓN

Musa, deja a un lado las guerras
y celebra conmigo las bodas de los dioses,
y los banquetes de los héroes,
y las fiestas de los felices…

CUANDO TODO ESTÁ EN FLOR

Cuando la primavera
alborota a la golondrina…

Hiponacte (c. 540 a. C.)

COPAS DE MÁS

Con poco tino piensan
los que han bebido puro vino.

Jenófanes (c. 525 a. C.)

SABIO ANCIANO

Ya son sesenta y siete años que llevo paseando
mi pensamiento por toda la tierra griega;
y antes de éstos pasaron de cuando nací veinticinco,
si es que aún sé decir la verdad del asunto.

Alcmán (c. 630 a. C.)

A UNA DIVA

Con la pasión, que descuaja los miembros,
y te mira con ojos
que turban más que el sueño
no en vano ella es tan dulce…

Pero no me responde:
como una estrella que, volando,
cruza el cielo resplandeciente,
o como un grano de oro, o leve ala de insecto,
ha pasado de largo; y como la fragancia
del agua que humedece el pelo
de las muchachas, camina entre el público
y atrae la atención de todos…

LA PRIMA

¿Qué no ves?
El cabello de mi prima
tiene la frescura del oro puro
y su cara es de plata.
Mas ¿de qué sirven las palabras?
Ahí está mi prima:
Mírala.

EL PRESUMIDO

Conozco el canto de todas las aves…

INVOCACIÓN

¡Musa de voz clara, que sabes muchas canciones,
ven, Musa, tú que cantas siempre, y entona
una nueva canción que canten las muchachas!

Íbico (c. 540 a C.)

DESPERTAR

Cuando la aurora, enemiga
del sueño, con su alboroto
despierta a los ruiseñores…

NOCTURNO

Arden toda la noche
los astros deslumbrantes…

RESIGNACIÓN

No se puede encontrar la medicina
que devuelva la vida a los muertos.

Anónimos

BONDAD

Dura cosa es ser bueno.
Sólo un dios
tendría honor semejante.

PERFUME

Te envío este perfume
para adornar
                  no a ti,
sino al perfume:
tú misma eres perfume del perfume.

Simónides (556 – 467 a. C.)

FATALIDAD

La muerte alcanza incluso
al que evita el combate.

FRENTE A LA COSTA

Me agobia el estruendo del mar
púrpura bullendo a mi alrededor…

LAMENTACIÓN

Siendo humano, jamás digas
lo que va a pasar mañana;
ni, si ves feliz a un hombre,
cuánto tiempo ha de durarle.
No es más rápido el revuelo
de la mosca de alas finas
que el mudar de los mortales.

A UNA GOLONDRINA

¡Sonoro heraldo de la primavera
de dulce olor, golondrina oscura!…

MEDIODÍA

A solas, el sol, en el cielo…

Safo (c. 600 a. C.)

INVOCACIÓN A AFRODITA

fragmento

Divina Afrodita[11], de trono adornado,
te ruego, hija de Zeus engañosa,
no abatas con penas o angustias.
mi alma, Señora,

y ven para acá, si ya otra vez, antes,
escuchando desde lejos mis quejas,
dejaste la casa de oro
del Padre, y viniste

en tu carro radiante; y batiendo las alas,
tus gorriones te llevaron por sobre
la tierra, por medio del aire,
veloces y lindos,

y pronto llegaron; y tú con semblante
sonriente, oh diosa feliz, preguntabas
qué cosa hoy tenía, y por qué
volvía a llamarte…

Ven también ahora a librarme de afanes
pesados y tú cumple cuantas cosas
mi alma anhela se cumplan, y tú misma
hazte mi aliada.

11. *Afrodita: nombre griego de Venus, diosa de la belleza y del amor.*

EROS

El amor me sacudió el alma
como el viento que en el momento
sobre los árboles cae…

COMO LA FLOR

Soy el jacinto que en el monte
    pisan.
La flor purpúrea que en la tierra
    sangra.

DESPEDIDA

Se fue la juventud.
Me dejó a solas
y no volverá nunca.

ACCIÓN DE GRACIAS

Debo darle gracias a la poesía.
    Me hizo feliz.
Y ahora que estoy muerta
    no caerá sobre mí el olvido.

AMARGURA

Viniste y yo te quería;
y helaste mi corazón
encendido de deseo.

MUCHACHA

Y tú, ponte bonitas
coronas en el cabello,
y enrédate tallos tiernos
en las manos delicadas…

SOLEDAD

Se fue la luna.
    Se pusieron las Pléyades.
Es medianoche.
    Pasa el tiempo.
Estoy sola.

LUNA LLENA

Palidecen las estrellas que rodean su esplendor
cuando la luna llena arde blanquísima
sobre la oscura tierra.

LA MANZANA

Como la roja manzana
colgada de la alta rama
los recolectores la olvidaron.
No, no la olvidaron:
es que no pudieron alcanzarla.

[Safo es la más célebre de las poetisas griegas; escribió muchos
libros de cantos líricos.]

Alceo (c. 600 a. C.)

LA GUERRA DE TROYA

… La negra tierra guarda a muchos
    en el llano de Troya,
y dieron en el polvo muchos carros
y muchos combatientes de ojos negros
fueron pisoteados, y al estrago
                Aquiles se entregaba…

DE FARRA

¡Ábreme la puerta,
    que ando de parranda,
abre, te lo ruego!

Anacreonte (c. 530 a. C.)

MUCHACHA DE OJOS DE NIÑA

Muchacha de ojos de niña,
te busco y no te das cuenta
y ni siquiera sospechas
que de mi alma tienes las riendas.

EL BAÑO

Vengo del río: todo
lo traigo reluciente.

PETICIÓN

¡Eh, amiga, dame tus muslos esbeltos!

OYE EL RUEGO

¡Oye el ruego de este anciano, muchacha
de trenzas bonitas y de peplo de oro!

VIENTO

Vibra el denso follaje
del laurel
            y del verde,
pálido olivo.

AMOR

Quisiera hacer odas de guerra
    pero sólo el amor resuena
en mi lira de siete cuerdas.

LA DERROTA

Otros celebren guerras y batallas.
    Yo sólo puedo hablar de mi desventura.
No me vencieron los ejércitos:
    fui derrotado por tus ojos.

VENTAJAS

Yo escribo como puedo mis poemas,
    Adriana.
Yo escribo.
      Tú eres joven.

EL CONQUISTADOR

Si puedes contar las hojas de los árboles,
si conoces el número de las olas del mar,
yo te encargo, a ti sólo, que cuentes mis amores.
Primero, en Atenas, inscribe veinte amores;
y después, quince más. Luego, en Corinto anota
diez legiones de amores. ¡Y en Acaya: son tan
bellas esas mujeres! También apunta en Lesbos,
y hasta en Jonia, y en Caria y Rodas:
    dos mil amores.
¿Acaso te sorprende? Continúa escribiendo.
Aún no te he hablado de conquistas en Siria,
no, ni de las de Cánope, ni de las de Creta, esta
isla que reúne multitud de riquezas
y en que Amor sus misterios celebra
    en la ciudades.
¿Y quieres que te cuente, también, de los amores
que más allá de Gades, y en Bactriana y en India,
se apoderaron de mi corazón?…

[Atribuido a Anacreonte.]

POR QUÉ, POTRANCA TRACIA[12]

¿Por qué, potranca tracia, con los ojos
mirándome de lado, te me escapas
despiadadamente, e imaginas
que no sé nada sabio y de provecho?

Pues ten presente que muy bien podría
ponerte freno y brida y, con las riendas
asidas de la mano, hacerte dar
la vuelta a los linderos del estadio.

Pero, por el momento, en las praderas
paces e, irresponsable, te diviertes
dando corcovos, y eso es que no tienes
a un domador experto de jinete.

IN/CONSTANTE

De nuevo amo y no amo,
y deliro y no deliro.

CONVICCIÓN

Quien quiera luchar, que luche: se puede.

EL DESASTRE

Se hunde mi patria:
    asistiré a su ruina.

[*La fugacidad de la vida, la incertidumbre del amor,
los estragos del tiempo son los temas principales de la poesía
de Anacreonte, uno de los más grandes líricos griegos.*]

Píndaro (518 – 438 a. C.)

CONSEJO A UN GOBERNANTE

No hables en vano. Dirige
con timón justo al pueblo, y forja en el yunque
de la verdad tu lengua.
Si una ruin chispa
se te escapa, la tendrán por grave
pronunciamiento, por ser tuyo. Eres el árbitro
de muchas cosas; y son muchos
los testigos veraces de tus actos, buenos
        y malos. Sigue
en tu alegre talante; y si te importa
siempre gozar de estimación, no seas
dispendioso en el gasto. Da, como el piloto,
        al viento
la vela. Y no te enredes,
amigo, en las astutas
ganancias; que sólo el lustre de la gloria
que el hombre deja tras de sí, revela
a oradores y poetas
la vida de los hombres idos. No perece,
no, la virtud benévola. Y es cierto:
el principal trofeo es ser feliz; y luego viene
una decente estimación. El hombre
a quien le es dado obtener ambos
tiene la corona suprema.

12. *Tracia: natural de Tracia, región de la antigua Europa, situada en lo que hoy es la península de los Balcanes.*

SOBRE TROYA

El humo se eleva todavía
en torbellinos sobre las murallas.

SOBRE EL TIEMPO

El tiempo es el que afirma,
mejor que nada,
la fama de los justos.

SOBRE EL DESTINO

Nada puede contener al destino,
ni el fuego,
ni siquiera un muro de hierro.

SOBRE UN ECLIPSE

Sol, que enciendes el mundo con tus rayos
y das vida a mis rápidas miradas,
tú, rey de los astros, ¿por qué
te ocultas en pleno día?, ¿por qué
interrumpes así
los ejercicios del atleta ágil
y el estudio del sabio,
al lanzarte por un camino de tinieblas?
¿Qué nuevos destinos vas a traernos?
Por Zeus yo te conjuro, dios del sol,
que tus caballos inmortales
lleven a la ciudad de Tebas
una felicidad sin par.
Mas si nos presagias la guerra,
o la destrucción de nuestras cosechas
o enormes montones de nieve
o una horrenda revolución
o el desbordamiento del mar
o una helada que endurezca el suelo,
o lluvias torrenciales durante este verano;
si quieres inundar la tierra
y poblarla con una nueva
raza de hombres, entonces
uniré mis gemidos a la aflicción de todos.

*[Píndaro compuso numerosos himnos para celebrar los triunfos
de los atletas en la olimpiadas y para conmemorar actos
heroicos y fechas gloriosas.]*

Niacarco (c. siglo I d. C.)

EL MÉDICO

Ayer vino el doctor a dar una consulta
a la estatua de Zeus.
Y aunque era Zeus, y de puro mármol,
hoy enterramos a la pobre estatua.

Estratón (siglo II d. C.)

LA MISMA MONEDA

Si te ofendí al besarte,
si te parece
una ofensa grave el besarte,
desquítate, anda, págame
con la misma moneda.

Lucrecio (c. 95 – c. 53 a. C.)

INVOCACIÓN A VENUS

fragmento

Madre de los romanos, encanto de hombres y dioses,
Santa Venus, que bajo los cambiantes signos celestes
fecundas el mar navígero y llenas de frutos la tierra;
por ti todo género de animales es concebido
y ve naciendo del sol las lumbres. Oh diosa,
por eso te huyen los vientos, la pródiga tierra
te ofrece flores, ríe por ti la faz del océano
y en luz serena resplandece, nítido el cielo…

Virgilio (70 – 19 a. C.)

SOBRE LAS ABEJAS

En seguida, de la miel aérea los dones celestes
contaré: admirable espectáculo de cosas ligeras.
Así, cuando el dorado sol echa al invierno expulsado
bajo las tierras, y abre el cielo con la luz del estío,
ellas de inmediato los sotos y las selvas recorren,
cosechan purpúreas flores, y en el haz de los ríos
liban ligeras; entonces no sé por qué alegre dulzura,
su progenie y sus nidos abrigan; desde entonces, con arte
hacen las ceras nuevas y las mieles tenaces.
De allí, cuando enviado de las celdas a los astros del cielo,
vieres arriba el enjambre que nada en la atmósfera pura,
y admirares su oscura nube que es por el viento llevada,
contémplalo: buscan siempre el agua y techos frondosos.

De *La Eneida*

[Eneas desciende a los infiernos y encuentra la sombra de Dido.]

Hubo una honda caverna, e inmensa por su vasta abertura,
con piedras, guardada por negro lago y tinieblas de bosques,
sobre la que impunemente ningún pájaro podía
tender camino con sus alas: aliento tal, de su negras
fauces saliendo, alcanzaba las más altas bóvedas
(de donde al lugar por nombre dijeron Averno[1] los griegos.)

Dioses que el mando tenéis de las almas y sombras silentes,
y ríos infernales, sitios que ampliamente callan de noche,
séame lícito hablar de lo oído: con el poder vuestro sea
que abra las cosas en la honda tierra y en la calígine[2] inmersas.

Bajo la solitaria noche, por la sombra, iban oscuros,
y por las casas del Hades[3] vacías y los reinos inanes[4]:
cual por la incierta luna, debajo de una luz vacilante,
hay un camino en las selvas, cuando escondió el cielo en la sombra
Júpiter, y en la noche negra quitó el color de las cosas...

Aquí un túrbido abismo de cieno y de vasta vorágine
hierve, y eructa hacia el Cocito[5] toda la arena.
Acá una turba horrenda de cuerpos en la ribera corría:
madres y varones y cuerpos privados de vida
de magnánimos héroes, niños y muchachas solteras:
tantas cuantas en la selvas, en el primer frío de otoño
hojas caen, resbalando; o, desde el hondo abismo a la tierra,
cuantas aves se aglomeran, cuando, frígido, el año
las hace huir sobre el mar y las envía a tierras soleadas.

1. *Averno: del griego a-ornos, sin pájaros: nombre del infierno.*
2. *Calígine: niebla, oscuridad, tinieblas.*
3. *Hades: "El Invisible", Dios del infierno, y por extensión el infierno mismo.*
4. *Inanes: vacíos, inútiles.*
5. *Cocito: río de los lamentos en el mundo subterráneo.*

No lejos de aquí, esparcidos por todas partes se muestran
los "campos llorosos": así por nombre les dicen.
Aquí, a quienes el duro amor con cruel contagio carcome,
celan secretos senderos, y en torno una selva de mirtos
los cubre. Ni en la misma muerte los abandonan sus penas…

Entre ellas la fenicia Dido, reciente en su herida,
erraba en la magna selva; ante la cual el héroe troyano
se detuvo al punto y la reconoció entre las sombras,
oscura, como la que, al principio del mes, que surge la luna
o ve, o piensa que por entre las nubes la ha visto,
vertió lágrimas, y con dulce amor dirigió estas palabras:
"¡Dido infeliz! Así pues había venido a mí, verdadera,
la nueva: que habías muerto, y por el hierro alcanzado lo extremo.
De ruina, ay, fui para ti la causa. Por los astros, te juro,
por los supremos, y si alguna fe hay bajo la ínfima tierra,
que contra mi voluntad, oh reina, me aparté de tu costa.
Por órdenes de dioses, que a ir ahora a través de estas sombras,
de ásperos sitios de pobre y de profunda noche me obligan,
con sus imperios forzáronme; y creer no podía
que yo, por mi partida, este tan gran dolor te llevara.
Refrena tu paso y ante mi presencia no te sustraigas.
¿A quién huyes? Por el hado[6], esto lo último es que te hablo."

Ella, vuelto el rostro, en el suelo fijos los ojos tenía,
y no más por el discurso iniciado se mueve su rostro,
que si duro sílex o la roca marpesia[7]…

[La Eneida es la gran epopeya nacional latina; refiere la historia legendaria de Roma y sus relaciones con Cartago.
Eneas, héroe troyano que huye de la destrucción de su ciudad, naufraga en las costas de Libia y se dirige
a Cartago, donde la reina Dido lo acoge y se enamora de él. El dios Júpiter, no obstante, ordena a Eneas que parta
para Italia. Dido, abandonada, decide morir y se arroja al fuego de una pira. Eneas continúa su viaje; llega
a Sicilia. En Cumas la Sibila, sacerdotisa de Apolo, lo conduce a los infiernos. Allí encuentra la sombra de Dido.]

6. Hado: fortuna, suerte.
7. Marpesia: el Marpeso es un monte de la isla de Paros, de donde se extrae mármol;
la roca marpesia es pues el mármol.

Catulo (c. 87 a. C. – c. 54 a. C.)

CÁRMENES

Vivamos, Lesbia mía, y amémonos,
sin importarnos la crítica de los viejos.
El sol se pone cada tarde y sale al día siguiente,
pero nosotros, cuando se nos apague la vela,
dormiremos una noche sin fin.
Dame mil besos y después dame cien más
y después otros mil más y después otros cien más
y después otros mil más y después otros cien más
y muchos miles más hasta que enredemos la suma
y ya no sepamos cuántos besos nos damos
ni los envidiosos lo sepan.

～

Odio y amo. Tal vez me preguntéis por qué.
No lo sé, sólo sé que lo siento y que sufro.

～

Me preguntas, Lesbia, cuántos besos me bastan:
cuántas son las arenas del desierto de Libia,
        en Cirene,
entre el oráculo de Júpiter y el sepulcro de Bato;
cuántas son las estrellas que en la noche callada
contemplan los amores ocultos de los hombres:
estos besos le bastan a tu loco de Catulo,
que no puedan los curiosos calcularlos
ni la maledicencia causarles maleficio.

A nadie más amará, dice mi muchacha,
sino a mí aunque Júpiter la enamore.
Dice: pero lo que dice una muchacha
se debe escribir en viento o en agua rápida.

～

Pobre Valerio Catulo no te hagas ilusiones
y lo perdido dalo por perdido.
Para ti ya brilló el sol una vez,
cuando corrías detrás de la muchacha
que amé como ninguna otra ha sido amada.
Y hubo entonces, ¿recuerdas?, tantos goces
que tú pedías y ella no negaba.
Sí, para ti ya brilló el sol una vez.
Ahora ella no quiere: tú no quieras tampoco.
Ni sigas a la que huye, ni estés triste,
sino pórtate valiente, no claudiques.
Adiós, muchacha, Catulo ya no claudica,
ni nunca más te buscará, ni volverá a rogarte.
Pero a ti te pesará cuando nadie te ruegue.
¡Me da lástima por ti! Pienso qué días te esperan.
¿Ahora quién te visitará? ¿Para quién serás bella?
¿Ahora a quién amarás? ¿Dirán que eres
        de quién?
¿A quién vas a besar? ¿A quién le morderás
        los labios?
Pero tú, ¡valiente! Catulo. ¡Aguántate!

Horacio (65 – 8 a. C.)
De las *Odas*

UNOS ALABARÁN...

Unos alabarán la luminosa Rodas,
Efeso, Mitilene,
los muros de Corinto entre dos mares,
Tebas de Baco, la apolínea Delfos
o los valles tesalios. Dirán otros
en un largo poema
de la ciudad de Palas[8] sabia, y con olivo
cogido aquí y allá, adornarán su frente.
Muchos celebrarán, para gloria de Juno,
Argos, criadora de caballos, o Micenas
opulenta. En cuanto a mí,
ni el paciente espartano ni los campos
de la fértil Larisa me conmueven
como el refugio de la gruta Albunia[9],
la cascada del Anio[10], el sacro bosque
de Tiburno, o los frescos
jardines entre rápidos arroyos.

Muchas veces el viento
borra las nubes de un cielo oscurecido
y lo aclara (no trae lluvias eternas).
Y tú, amigo, sé sabio:
pon fin a los cuidados de la vida
con un vino ligero,
ya habites campamentos
que de insignias y yelmos resplandecen
o ya a la sombra densa de los bosques
de Tíbur[11] te recuestes.
Amigo, bebe vino, olvida todo:
mañana el mar inmenso
a surcar volveremos audazmente.

8. *Palas: Atenas.*
9. *Albunia: cueva en las cercanías de Tíbur en la que había una cascada.*
10. *Anio: nombre de un río.*
11. *Tíbur: antigua región de Italia, al noreste de Roma, correspondiente a la actual Tívoli. Era un lugar de recreo donde las personas acomodadas de la capital poseían lujosas casas de campo.*

YO CANTO...

Yo canto banquetes
y combates de vírgenes
con las uñas cortadas, y de jóvenes,
cuando el alma está libre
o, como suele ocurrir, una llama
leve la habita.

NO PREGUNTES...

No preguntes, Leucónoe, para cuándo
fijaron los dioses tu muerte o la mía,
ni atiendas a las cábalas de Oriente:
sacrilegio es saber.
Mejor es aceptar lo que viniere,
ya sean muchos los inviernos que te otorgue
Júpiter, ya sea éste el último,
éste que ahora fatiga al mar Tirreno
contra las negras rocas.
Filtra, filtra tus vinos
y retén la esperanza,
porque duramos poco.
Mientras hablamos
se va el tiempo celoso.
Goza el instante: no te fíes del mañana.

A LA REPÚBLICA

¡Nave! Otras olas
volverán a llevarte al mar. ¿Qué estás haciendo?
Decídete de una vez y gana el puerto.
No hay remos en tu flanco
y el ábrego[12] veloz hirió tu mástil:
sin cables, ¿cómo puede
tu quilla soportar el trato poderoso
del mar? No están intactas
tus velas. Si te agobia la desgracia
otra vez, ¿a qué dioses invocar?
Oh pino del océano,
hijo de un bosque ilustre: no te jactes
de tu linaje, de tu nombre inútil.
Cuando el miedo atenaza al timonel,
de qué sirve una popa decorada.
Si no quieres ser juguete de los vientos,
ten cuidado.
Ayer fuiste mi angustia y mi desvelo,
hoy, el objeto de mi amor y mis cuidados.
¡Evita los estrechos que separan
las Cícladas[13] brillantes!

[*Siguiendo una moda muy en boga en su tiempo, el poeta compara a la República romana con una nave enfrentada a los riesgos de la navegación.*]

12. *Ábrego: viento del sur, que en la posición de Roma soplaba del África.*
13. *Cícladas: islas del mar Egeo, de peligrosa navegación.*

PARA CONTENTAR A UNA AMIGA

Hija más bella que tu bella madre,
haz lo que quieras de mis versos ruines:
arrójalos al fuego o, si prefieres,
al mar Adriático.
Pero calma tu espíritu: también
fui víctima en mi dulce juventud
de un corazón ardiente y esa furia
compuso arrebatados versos. Pero ahora
quiero cambiar lo duro por lo suave.
Retiro las injurias: sé mi amiga
y entrégame tu alma.

PETICIÓN DE MANO

Huyes de mí, Cloe, como un cervatillo
que busca a su madre tímida en el monte
inaccesible, temeroso
del bosque y de la brisa.
Si la llegada de la primavera
estremece las hojas, o los verdes lagartos
agitan la maleza, el corazón le tiembla
y las rodillas.
Y, sin embargo, yo no te persigo
como un tigre feroz o un león de Libia:
no quiero destrozarte.
Deja pues a tu madre,
que ya estás en edad para un esposo.

AL CONCLUIR LA ESCRITURA DE UN LIBRO

Acabé un monumento
más perenne que el bronce y más alzado
que las regias pirámides….
No moriré del todo.

[Por su equilibrio y perfección formal, Horacio ha sido siempre un modelo para los poetas. Sus Odas son una invitación a disfrutar de la vida,"que es breve y pasa rápido".]

Ovidio (43 a. C. – 17 d. C.)

LA CREACIÓN DEL HOMBRE

Nació el hombre; o bien de divina semilla hizo a éste
aquel Creador de las cosas, y con tierra reciente
la modeló a imagen de los dioses, rectores de todo;
y aunque los demás animales vean la tierra inclinados,
cara elevada dio al hombre, y que al cielo mirara
mandó, y que erguidos a los astros alzara los rostros.

APOLO SE INFLAMA DE AMOR POR UNA NINFA

Y como quitadas las espigas, los leves tallos se queman;
como arden los setos por las antorchas que acaso un viajero
arrimó demasiado o abandonó, ya bajo el día,
así se mudó en llamas el dios, así en todo su pecho
se abrasa, y nutre su estéril amor, esperando.

CONCIENCIA DEL POETA

Gracias a ti, Musa, porque tú das los consuelos,
tú, cual paz de cuidado; tú, cual remedio, vienes.
Tú eres mi guía y compañera: en vida tú me diste,
lo que es raro, un nombre sublime
que desde las exequias suele donar la fama.
Porque, llevando mi siglo grandes poetas,
para mi ingenio no hubo maligna fama,
y aunque yo muchos me anteponga,
no menor de ellos me llaman,
y muchísimo soy leído en todo el orbe.
Pues si los presagios de los vates[14] de verdad tienen algo,
no seré, cuando muera, tuyo al instante, tierra.
Si por tu favor, o si llevé por mi canto esta fama,
por justicia, cándido lector te doy las gracias.

---

14. *Vates: adivino, profeta; por extensión, poeta.*

EL POETA EN EL EXILIO LE ENCARGA SU EPITAFIO A SU ESPOSA

Graba en el mármol del título estos versos a grandes
rasgos, que el viador con rápida vista vea:

YO QUE YAZGO AQUÍ, CANTOR DE LOS TIERNOS AMORES,
SOY NASÓN EL POETA; HE, POR MI INGENIO, MUERTO.
Y A TI QUE PASAS, QUIEN FUERES, QUE AMASTE, NO SEA GRAVOSO
DECIR: HUESOS DE NASÓN, CON SUAVIDAD REPOSEN.

Basta esto en el título. Pues monumentos mayores
son mis libritos y más, para mí, durables,
a quien yo confío, aunque lo dañaron, que nombre
le habrán de dar a su autor y tiempos largos.

[*Publio Ovidio Nasón es uno de los más grandes poetas latinos. Escribió* El arte de amar *y* Las metamorfosis.
*Murió desterrado, por motivos que hasta hoy se desconocen, en una ciudad a orillas del Mar Negro,
en lo que hoy es Bulgaria.*]

Propercio (c. 50 – c. 15 a. C.)

MI GENIO ES UNA JOVEN

Los primeros tiempos cantaron a Venus,
los últimos al tumulto.
También cantaré a la guerra, cuando el asunto
de esta joven quede exhausto.
Mi Musa anhela instruirme en una nueva gama;
arriba, arriba, alma mía, desde tu humilde cantinela,
por el vigor oportuno.
Que los hados velen mi día.

〜

Aún preguntas por qué razón escribo tanta lírica amorosa
y de dónde vino a mi boca este libro tenue.
Ni las musas ni Apolo me lo cantaron al oído,
mi solo genio es una joven.

Si ella con dedo de marfil ejecuta una tonada en la lira,
consideramos el proceso.
Qué fáciles los móviles dedos; si el cabello está desaliñado
en su frente, si anda en un destello
con culebreo de colorada tela, hay un volumen sobre el tema;
si sus párpados naufragan en el sueño,
hay nuevas tareas para el autor;
y si juega conmigo sin manto
construiremos muchas Ilíadas.
Y cuanto haga o diga
urdiremos largos hilos de la nada…

PLEGARIA POR LA VIDA DE SU AMADA

Pon aquí tu clemencia, Perséfona[15], manténte firme,
hazlo tú, Plutón[16], no traigas aquí mayor severidad.
Tantos miles de bellezas han descendido al Averno,
bien puedes dejar una permanecer arriba entre nosotros.

Contigo está Iope, contigo la blanca fulgurante Dido,
contigo Europa y la desvergonzada Pasifae
y todas las bellezas de Troya y las de Acaya[17],
de los insolados dominios de Tebas y del viejo Príamo,
y todas las doncellas de Roma, tantas como fueron,
han muerto y la voracidad de tu flama las consume.

Pon aquí tu clemencia, Perséfona, manténte firme,
hazlo tú, Plutón, no traigas aquí mayor severidad.
Tantas miles de bellezas han descendido al Averno,
bien puedes dejar una permanecer arriba entre nosotros.

15. *Perséfona: divinidad infernal.*
16. *Plutón: idem*
17. *Acaya: Grecia.*

Tibulo (c. 54 – c. 18 a. C.)

A DELIA

¡Oh, que cuanto existe de oro y de esmeraldas perezca,
antes que una muchacha llore por nuestros viajes!
Guerrear a ti te conviene en mar, Mesala, y en tierra,
porque tu casa ostente despojos de enemigos.
A mí, de hermosa muchacha los lazos preso me tienen
y ante sus duras puertas me asiento, cual portero.
Ser alabado, mi Delia, yo no procuro; pero estando
contigo yo suplico, me llamen torpe o inerte,
que pueda yo contemplarte al llegar la hora suprema
(vendrá la Muerte, oculta, en sombras la cabeza),
y que, al morir, te sostenga con vacilante mano.
Y me llorarás tendido en el lecho que ha de arder, Delia,
y con tus tristes lágrimas me darás besos mezclados;
llorarás; que tus entrañas no están con un duro hierro
atadas, ni en tu tierno corazón se halla una piedra.
No hieras mi recuerdo, pero perdona a tus sueltos
cabellos, perdona a tus tiernas mejillas, Delia…

Marcial (40 d. C. – c. 103 d. C.)

EPIGRAMAS

Mis epigramas los canta y los ama la Roma mía.
Ando en los bolsillos y las manos de todos.
Pero hay uno que enmudece y palidece
  y se enfurece:
y por eso estoy contento de mis cantos.

〜

¿Por qué me envías, Pola, estas rosas intactas?
Las hubiera preferido deshojadas por ti.

〜

Sólo lo bonito quieres decir, Matón. Di
también lo bueno, y lo regular, y lo malo.

〜

Sólo admiras a los antiguos, Vecerro,
y no alabas sino a los poetas muertos.
Perdona, Vecerro, pero no vale
tanto, tu elogio, para morirme.

No sé, Feliz, lo que escribes a tantas muchachas.
Sólo sé, Feliz, que ninguna de ellas te contesta.

〜

Te quejas, Velox, de que escriba epigramas largos.
Tú no escribes ninguno. Los tuyos son más cortos.

〜

¿Por qué no te envío, Pontiliano, mis libros?
Para que tú no me envíes, Pontiliano, los tuyos.

〜

El que es pobre, Emiliano, siempre será pobre.
Hoy nadie tiene dinero, sino los ricos.

Anónimo (siglos XVIII – V a. C.)
Del *Shi King* o *Libro de poemas*

LA MÁS BELLA

La más bella de todas las muchachas
me cita en un lugar de la muralla,
pero se esconde y no la encuentro.
Voy y vengo, me rasco la cabeza.

Entre todas las jóvenes,
la más linda me dio una flauta roja,
que es tan maravillosa
como la belleza de la muchacha.

Se fue al campo y me trajo
un vellón de cordero, hermoso y raro.
No, no es que fuera hermoso:
hermosa es la que me lo dio.

OH SOL, OH LUNA

¡Oh sol, oh luna,
que iluminan la tierra acá abajo!
Un hombre como él
no puede ser firme siempre.
¿Cómo podría ser sincero?
Sería mejor
que nunca me hubiera fijado en él.

¡Oh sol, oh luna,
que cubren la tierra acá abajo!
Un hombre como él no puede ser bueno
siempre.
¿Cómo podría ser sincero?
Sería mejor
que nunca lo hubiera amado.

¡Oh sol, oh luna,
que se levantan por el Oriente!
Un hombre como él
de quien nunca dijeron cosas buenas,
¿cómo podría decir la verdad?
¡Quisiera poder olvidarlo!

¡Oh sol, oh luna,
que surgen del Oriente!
¡Ay padre, ay madre!
¿Por qué no nací con buena suerte?
¿Cómo podría ser veraz?
Me enamoró
y después se fue.

FRATERNIDAD

Magníficos y abundantes
los cerezos están en flor.
No hay en todo el mundo nada
mejor que la fraternidad.
El cariño que une a la esposa y a los hijos
es como el sonido de tambores y laúdes.
La armonía entre hermanos mayores y menores
es como la del altar sagrado.
Ordena así tu familia
para que haya alegría bajo tu techo.
Ése es el tesoro,
eso es el oro y la seda.

TE LO RUEGO

Te lo ruego, Chung Tzu,
no entres en mi casa,
no rompas los sauces que plantamos.
No es que me importen los sauces,
pero temo a mi padre y a mi madre.
Chung Tzu, mi amor querido,
en verdad tengo miedo
de lo que digan mis padres.

Te lo ruego, Chung Tzu,
no saltes nuestro muro,
no arranques las moreras que plantamos.
No es que me importen las moreras,
pero temo a mis hermanos.
Chung Tzu, mi amor querido,
en verdad tengo miedo
de lo que digan mis hermanos.

Te lo ruego, Chung Tzu,
no escales mi jardín,
no rompas el boj que plantamos.
No es que me importe el boj,
pero temo lo que diga la gente.
Chung Tzu, mi amor querido,
en verdad tengo miedo
de lo que diga la gente.

[El Shi King o Libro de poemas, *la colección más antigua
de canciones y poemas chinos, es uno de los cinco "libros
clásicos" recopilados por el filósofo Confucio en el siglo VI a. C.
Con encantadora sencillez, los poemas del Shi King nos
informan sobre acontecimientos, sentimientos y costumbres
de la vida china hace más de 3 500 años. Se dice que el propio
Confucio lo recomendaba a sus discípulos diciendo: "Elevemos
nuestro espíritu leyendo el Shi King"*]

DE EL HARÉN DEL PALACIO DE WEI

Anónimo (siglo VII a. C.)

SOPLA EL VIENTO HELADO

Sopla el viento helado del norte.
Me mira y sus ojos son fríos.
Mira y sonríe; luego se va.
Mi tristeza envejece.

Sopla el viento levantando polvo.
Juró que vendría mañana;
sus palabras son dulces
mas no cumple sus promesas.
Mi corazón se enfría.

Todo el día sopló fuerte el viento
y hoy no ha salido el sol.
He pensado tanto en él, tanto…
Mi sueño se ha ido.

Noche de nubes negras;
el trueno no trae la lluvia.
Me despierto: todo está oscuro.
Mi tristeza es sólo mía.

Anónimo (206 – 221 a. C.)

CANCIÓN DE LA DINASTÍA HAN

Mi amor vive
al sur del gran Mar.
¿Qué le regalaré?
Dos perlas y un peine de carey
atados con cintas de jade.

Me dicen que no es sincero.
Me dicen que tiró mis regalos,
que los destrozó y los quemó
y esparció las cenizas al viento.

Desde hoy y para siempre
no debo pensar ya en él.
¡Oh, nunca más pensar en él!
Los gallos cantan,
los perros ladran:
mi hermano y su esposa pronto lo sabrán.

Sopla el viento de otoño,
suspira la brisa en la mañana;
dentro de un momento saldrá el sol por el Este;
entonces, yo también lo sabré.

Chu Yuan (c. 338 – 288 a. C)

LOS HALCONES

Los halcones no se unen
ni vuelan en bandadas.
Desde tiempos antiguos
ésta ha sido una regla de la naturaleza.
¿Cómo puede el cuadrado ajustarse bien al círculo?
Con opiniones contrarias
¿quién puede unirse en paz?

[*Chu Yuan es el más antiguo poeta chino.*]

Emperador Wu Ti (221 – 264 d. C.)

¿QUIÉN DIJO?

¿Quién dijo que yo quise separarme de ti?
Mi túnica aún retiene tu aroma,
aún guardo entre mis manos la carta que me enviaste.
Rodeando mi cuerpo,
me ciño el cinturón
y sueño que nos une,
amorosamente, como un nudo.

¿Sabes que hay quien esconde su amor
como flor delicada,
demasiado preciosa para que alguien la corte?

Fu Hsiuan (siglo III d. C.)

ANTES

Antes tú y yo éramos uno solo,
como el cuerpo y su sombra.
Ahora somos
como la nube que huye después del aguacero.

Antes tú y yo éramos
como el sonido y su eco.
Ahora somos
como las hojas secas caídas de la rama.

Antes tú y yo éramos
como el oro o la piedra, sin mancha ni fisura.
Ahora somos
como una estrella muerta, o un esplendor pasado.

Wang Wei (701 – 761)

EN LA ERMITA DEL PARQUE DE LOS VENADOS

No se ve gente en este monte.
Sólo se oyen, lejos, voces.
Por los ramajes la luz rompe.
Tendida entre la yerba brilla verde.

ASCENCIÓN

El caserío anidó en el acantilado.
Entre nubes y nieblas la posada:
atalaya para ver la caída del sol.
Abajo el agua repite montes ocre.
Se encienden las casas de los pescadores.
Un bote solo, anclado. Los pájaros regresan.
Soledad grande. Se apagan cielo y tierra.
En calma, frente a frente, el ancho río y el hombre.

NOSTALGIA

Dime, tú que de la ciudad natal
sabes sin duda muchas cosas.
Dime: el día que saliste,
bajo la ventana vestida de seda,
¿florecían ya los ciruelos de invierno?

ADIÓS

La lluvia temprana moja el polvo ligero.
En el mesón los sauces verdes son aún más verdes.
Amigo, oye: bebamos todavía otra copa.
Pasada la frontera no habrá ya: "oye amigo."

[Wang Wei fue pintor y músico. Trabajó como funcionario público y pasó largas temporadas en el campo, donde escribió numerosos poemas dedicados a la naturaleza.]

Li Po (701 – 762)

PARTIDA MATINAL DE LA CIUDAD DE BAIDI

Al alba dejo Baidi[1], entre altos arreboles[2].
He de llegar abajo, hasta Jiangling, antes de que pardee.
Entre los farallones chillar sin fin de monos.
Se desliza, entre un bosque de montañas, mi barca.

CONTEMPLANDO LA CASACADA DE LU SHAN

Bajo el resplandor del sol
la montaña exhala un vapor violeta.
Desde lejos contemplo
la cascada que pende del río.
En un vuelo vertiginoso
rueda mil metros roca abajo.
Parece que la Vía Láctea
se desplomó del firmamento.

EN EL TEMPLO DE LAS ALTURAS

Paso la noche en el Templo de las Alturas:
alzo la mano y palpo las estrellas
sin atreverme a levantar la voz:
temo irritar a los moradores del Cielo.

1. Baid: en la provincia de Sichuan, era una ciudad edificada entre montañas
y vista desde la ribera del río parecía estar entre nubes.
2. Arreboles: tonalidad rojiza que toman a veces las nubes iluminadas por los rayos del sol.

PREGUNTA Y RESPUESTA

¿Por qué vivo en la colina verde jade?
Río y no respondo. Mi corazón sereno:
flor de durazno que arrastra la corriente.
No en el mundo de los hombres,
bajo otro cielo vivo, en otra tierra.

INTERNÁNDONOS EN EL ARROYO LÍMPIDO Y VIAJANDO ENTRE MONTAÑAS

¡Qué rápida y ligera es nuestra barca!
En un abrir y cerrar de ojos
nos conduce a un mundo
poblado de bosques frondosos.
Tranquilas nubes blancas flotan
sobre nuestras cabezas
Sentados entre peces y aves,
contemplamos las aguas
y las montañas vacilantes
reflejadas en ellas.
El eco resuena entre los peñascos,
y un profundo silencio
reina en todo el arroyo.
Entregados a un ocio placentero,
descansamos los remos y admiramos
los últimos fulgores del ocaso.

BALADA DE KIU PU

Abundan en Kiu Pu[3] los monos blancos.
Cuando brincan y saltan
parecen copos de nieve que vuelan
y llevan a sus crías
colgadas de las ramas
a beber y a jugar con la luna en el agua.

---

3. *Kiu Pu: es una región en la provincia de Anhui; Li Po vivió allí por algún tiempo.*

BEBIENDO SOLO BAJO LA LUNA

Solo estoy con mi frasco de vino
bajo un árbol en flor.
Asoma la luna y dice su rayo
que ya somos dos…
Y mi propia sombra anuncia después
que ya somos tres.
Aunque el astro no pueda beber
su parte de vino,
y mi sombra no quiera alejarse
pues está conmigo.
En esa compañía placentera
reiré de mis dolores
en tanto que dura la primavera.

Mirad a la luna:
a mis cantos lanza
su respuesta en sereno fulgor
y mirad mi sombra que ligera danza
en mi derredor.

Si estoy en mi juicio,
de sombra y de luna
la amistad es mía;
cuando me emborracho
se disuelve nuestra compañía.
Pero pronto nos juntaremos
para no separarnos ya
en el inmenso júbilo
del azul firmamento más allá.

CARTA DE LA ESPOSA DEL MERCADER DEL RÍO

Cuando todavía usaba fleco,
y me divertía cogiendo flores junto a la puerta,
tú viniste, jugando caballito, en un zanco de bambú,
trotaste mi alrededor tirando ciruelas azules.
Seguimos viviendo en la aldea de Chokán:
dos niños sin antipatía ni malicia.

A los catorce años, mi señor, te casaste conmigo.
Nunca reí: era tan tímida.
Bajando la cabeza miraba la pared.
Me llamaron mil veces pero nunca me volví para mirar.
A los quince dejé de ser tan seria,
deseé que mis cenizas se mezclaran con las tuyas
para siempre, siempre, siempre.

A los diez y seis, partiste,
fuiste hasta la lejana Ku-to yen
por el río de profundos remolinos,
y me has faltado cinco meses.

Arrastrabas los pies cuando te fuiste.
Ahora crece el musgo cerca de la puerta,
¡tan profundo que no puede arrancarse!
Antes de tiempo caen las hojas con el viento de otoño.
Parejas de mariposas en agosto
salpican de amarillo la hierba del jardín occidental;
me hacen daño. Envejezco.
Si regresaras a través de las gargantas del caudaloso río Kiang,
házmelo saber, por favor, con tiempo,
porque iría a buscarte
aun a la lejana Cho-fu-sa.

A MI AMOR LEJANO

Cuando estabas conmigo,
las flores llenaban la casa.
Al irte, dejaste la cama vacía.
La colcha bordada, doblada,
permanece intacta.
Tres años transcurrieron ya,
pero tu fragancia no se disipa.
¿Dónde estás, amor mío?
Te añoro, y de los árboles caen hojas amarillas.
Lloro, y sobre el verde musgo brilla el rocío.

ENTRE FLORES Y SAUCES

Entre flores y sauces, hace ya mucho tiempo,
en la ciudad de Chang, nos sentábamos juntos.
Con nosotros estaban
los Cinco Barones y los Siete Grandes.
Pero cuando tramábamos alguna aventura
yo iba adelante, y aunque hiciéramos ruido,
en las artes, y gracias al mundo,
nos defendíamos en la ciudad contra cualquiera.
Todavía era joven, no pesaban
sobre mí los años.
Nos íbamos galopando,
restallando los látigos de oro;
al palacio de Unicornio
mandábamos nuestras cartas.
Hora tras hora las muchachas
cantaban y bailaban para nosotros
sobre alfombras de conchas de tortuga.
Creímos que eso nunca acabaría.
¿Cómo pudimos saber que la hierba se agitaría
y se alzarían polvaredas de viento?
De pronto, jinetes extranjeros entraron
    en el pueblo,
precisamente cuando comenzaba la primavera
y las doradas ramas de los árboles florecían
    bajo el sol.

Ahora, adolorido, emprendo el camino
al lugar donde voy desterrado,
dudando si algún día
el Emperador, el Gallo Dorado
me perdonará
y pueda volver a mi tierra.

COMBATE EN EL SUR DE LA CIUDAD

El año pasado se guerreó
en la Fuente de la Mora, y este año
en el río de la Ruta Verde.
Largas expediciones
han envejecido a las tropas.
Los hunos[4] se hacen cargo
de la guerra y la muerte.
Desde tiempos remotos
sólo se ven los huesos de los muertos
blanqueando estas arenas amarillas.
En Kin[5] se construyó la Gran Muralla
para detener a los tártaros.
En Han[6] se levantaron atalayas
con hogueras como señales.
Los hogueras prosiguen
ardiendo sin cesar
y las largas campañas
nunca han tenido tregua.

Los hombres se despedazan
en el campo de batalla.
Caballos sin jinete lanzan
lastimeros relinchos contra el cielo.
Cuervos y buitres picotean
las entrañas humanas;
en el pico las llevan y, colgadas,
las dejan caer en el ramaje seco.
La sangre de los soldados
mancha el lodo y las hierbas,
y ningún general puede evitarlo.

Las armas son perversas.
Los hombres no deben recurrir a ellas
sino cuando se ven forzados.

4. *Hunos: nombre de un pueblo feroz que asoló el centro de Asia.*
5. *Kin: se refiere a dinastias de la historia china: los Han gobernaron de 206 a. C. a 221 d. C;*
los Kin, de 221 a 589.
6. *Han: idem*

MARCHA MILITAR

Montado en su caballo alazán,
sobre una silla nueva
tachonada de jade blanco,
el jinete trota en el campo de batalla.
Terminada la lucha, el campo
se inunda de frías luces de luna.
Los ecos de los tambores
siguen resonando desde la muralla.
En el sable de oro, ya envainado,
aún no se seca la sangre.

[*Li Po, también conocido como Li Bai o Li Bo, comenzó a escribir poesía a los catorce años. Aunque vivió en la corte imperial, pasó la mayor parte de su vida en el campo. Compuso cerca de diez mil poemas, de los que se conservan unos dos mil, en los que el poeta exalta el amor a la libertad, a la naturaleza y a los paisajes de su patria, y describe, con precisión y belleza, los sentimientos de los enamorados, la lealtad hacia los amigos, los horrores de la guerra y el valor ante los enemigos y peligros Está considerado el más grande de los poetas clásicos chinos.*]

Tu Fu (713 – 770)

ESCRITO EN EL MURO DE LA ERMITA DE CHANG

Es primavera en las montañas.
Vine sólo a buscarte.
Entre las cumbres silenciosas
el eco de las hachas: talan árboles.
Los arroyos helados todavía.
Hay nieve en el sendero.
Llego a tu choza, estás
entre dos rocas, colgada.
Nada pides, nada esperas.
¡Ser como tú, flotar,
barca sin remo, a la deriva!

PAISAJE

Otoño transparente.
Mis ojos vagan en el espacio sin fin.
Tiembla el horizonte, olas de claridad.
Lejos, el río desemboca en el cielo.
Sube humo de la ciudad distante.
El viento se lleva las últimas hojas.
Una grulla perdida busca nido.
Los árboles están cargados de cuervos.

A LI PO

Al tomar la pluma, levanta
tormentas y borrascas,
y compuesto el poema
conmueve hasta las lágrimas
a los dioses y a los fantasmas.

CARTA A PI SU YAO

Tenemos talento.
La gente dice que somos los poetas más notables de estos días.
Nuestras casas son pobres, nuestro renombre mínimo.
Mal comidos, mal vestidos, los criados nos miran desde arriba.
En el mediodía de nuestra edad tenemos arrugas.
¿A quién le importa, qué sabe nadie de lo que nos pasa?
Sólo nosotros sabemos lo que somos.
Un día, junto a los poemas de los grandes muertos,
alguien leerá los nuestros.
Al menos tendremos descendientes.

[*Tu Fu fue amigo de Li Po, al que admiraba. Su poesía refleja las circunstancias adversas de su vida.*]

Tch´en T´ao (siglo IX)

CANCIÓN

Juraron acabar con los hunos, costara
    lo que costara.
Con sus abrigos de piel cinco mil guerreros
    cayeron en el llano.
Esos huesos anónimos a la orilla del río
todavía tienen forma de hombres en los sueños
    de sus mujeres.

Po Chu–yi (772 – 846)

NO PIENSES EN LAS COSAS

No pienses en las cosas que fueron y pasaron;
pensar en lo que fue no sirve para nada.
No pienses en lo que ha de suceder:
pensar en el futuro resulta completamente inútil.
Es mejor que de día te sientes como un saco
    en la silla;
que de noche te acuestes como piedra
    en tu cama.
Cuando tengas hambre abre la boca
y cierra los ojos cuando venga el sueño.

EL INSENSATO

No hay hombre sin locura, y la mía
    es hacer versos.
Alejado de todo, mi enfermedad me sigue.
¿Por qué un espléndido paisaje,
o unos ojos amigos, me desatan
como si me cruzara con Dios en este mundo?
Y hago versos y así pierdo mi vida
desterrado en Sun–yan.
A veces, cuando acabo un poema,
subo, loco, corriendo al Peñón del Oriente
y lo digo en voz alta frente a la inmensidad.
En la quietud, los pájaros se desconciertan
y los montes se extrañan y los monos me espían.
Soy un escándalo de la naturaleza,
y de mí mismo, y de los míos.

*[La obra de Po Chu-yi es muy abundante; se conservan
de él unos 2 800 poemas agrupados en distintas categorías.
Preocupado por la sencillez y la claridad, se cuenta que antes
de publicar sus poemas Po Chu-yi los leía a su cocinera
y si ésta no los comprendía, los rompía.]*

POEMAS DE LA DINASTÍA T'ANG (618 – 960)

Kao Che

ESTA NOCHE

Hace frío en la posada. Estoy solo, desvelado ante mi lámpara.
Mis pensamientos punzan el corazón del caminante.
Esta noche pienso en mi tierra, a mil leguas de aquí.
Y mañana mi cabello gris parecerá tener un año más.

Li Kin Ling

NO ME PREGUNTES CÓMO PASA EL TIEMPO

En la región de las nubes espesas levanté mi cabaña.
En el polvo del mundo se pierden ya mis huellas;
me alejo sin cesar.
No me preguntes cómo pasa el tiempo...

Mong Hao–Yan

LA MUCHACHA

Va a buscar leña al monte
entre los árboles de tupido follaje.
Arranca ramas secas de los troncos caídos
y otras que cuelgan a través del camino.
Se pone el sol, pronto será de noche.
El viento de las cumbres le levanta el vestido.
Carga su haz de leña y canta.
Allá abajo, en el valle,
ve subir el humo de las casas del pueblo.

Anónimo

UN HOMBRE Y UNA MUJER

Sin hablarse, un hombre
y una mujer se amaron en secreto.
Ella borda a la luz del quinqué;
él se pasea a la luz de la luna.
Al llegar frente a la ventana
él sabe que ella está despierta.
En el hondo silencio de la noche
se escucha un leve ruido,
las tijeras que se caen al suelo...

Li Yü (937 – 978)

SUEÑOS DE LA DISTANCIA

Sueños ociosos de la distancia,
tierra del sur, fragante en primavera,
un bote con música de cuerdas y aliento sobre el río verde,
en toda la ciudad los pájaros ruedan con el polvo ligero
y ojos anhelantes miran las flores.

Sueños ociosos de la distancia,
tierra del sur en la claridad del otoño,
leguas infinitas de río y colinas en el frío color de la tarde.
Entre juncos se detiene un bote solitario.
Y desde la torre
bajo la luz de la luna,
una flauta.

[Li Yü es último emperador de la dinastía T'ang del Sur.]

Su Tung P´o (1037 – 1094)

SABIDURÍA

Escóndete si quieres ser tú mismo.
Cien años son muchos años pero también se acaban.
¿Qué más da ser cadáver rico o cadáver pobre?
La poesía, única recompensa del poeta.

FLOR PINTADA

Viento del este, suave.
Rayo de luz que flota
entre perfumes densos:
salta por el balcón,
en persona, la luna.
La muchacha se duerme.
Contemplo largamente
a la luz de la vela
su pintada belleza.

PENSANDO EN SU MUJER MUERTA

Diez años: cada día más lejos,
cada día más borrosos la muerta y el vivo.
No es que quiera recordar: no puedo olvidar.
Muy lejos de aquí su tumba sola.
Pensamientos de ella, hacia ella, sin ella.
Si volviésemos a encontrarnos
no me reconocerías:
el pelo blanco,
la cara del polvo, mi cara.

Anoche soñé que regresabas a casa.
Te veía a través de la ventana de tu cuarto.
Te peinabas y me veías pero no hablabas.
Nos mirábamos, llorando.
Yo sé el lugar donde se rompe mi corazón:
la cima de los cipreses bajo la luna.

Han Yu (768 – 924)

LA PALANGANA

Ser viejo es regresar y yo he vuelto a ser niño.
Eché un poco de agua en una palangana
y oí toda la noche el croar de las ranas
como, cuando muchacho, pescaba yo en Fang–Kúo.

Palangana de barro, estanque verdadero:
el renuevo del loto es ya una flor completa.
No olvides visitarme una tarde de lluvia:
oirás, sobre las hojas, el chaschás de las gotas.

O ven una mañana: mirarás en las aguas
peces como burbujas que avanzan en escuadra,
bichos tan diminutos que carecen de nombre.
Un instante aparecen y otro desaparecen.

Un rumor en las sombras, círculo verdinegro,
inventa rocas, yerbas y unas aguas dormidas.
Una noche cualquiera ven a verlas conmigo,
vas a oír a las ranas, vas a oír el silencio.

Toda la paz del cielo cabe en mi palangana.
Pero, si lo deseo, provoco un oleaje.
Cuando la noche crece y se ha ido la luna
¡cuántas estrellas bajan a nadar en sus aguas!

POEMAS DE LA DINASTÍA SONG (960 – 1279)

Fang Chen Ta

LA VIDA EN EL CAMPO

Salir al alba para arar los campos
y al anochecer encontrar a las mujeres hilando.
Porque en los pueblos y alquerías
todos, hombres y mujeres, trabajan.
Los jóvenes y hasta los niños pequeños
que no pueden todavía labrar o hilar,
están aquí, muy cerca,
aprendiendo a cultivar sandías
bajo la sombra de los árboles.
Los arroyos corren
desde los altos manantiales
a las verdes colinas.
Una lluvia finísima cae como neblina
mientras graznan los cuervos.
Son raros los ociosos en el campo
cuando la cuarta luna llega.
Hasta las mujeres ayudan a sus maridos
a cosechar el arroz.

LA LLUVIA

La lluvia tibia y el viento suave
dejaron libre al sauce, hoy por primera vez,
de los cristales de la nieve.
Me quedé contemplando los árboles de durazno.
Mis mejillas muestran ya, tímidamente,
la primavera de mi corazón.
Envuelta todavía en mis ropas de invierno,
sentada entre cojines de oro,
estoy sola; guardo en mi corazón
una música amarga.
Y en la noche que avanza
enciendo las antorchas.

Li Tsing Chao (1081 – c. 1149)

UN SUEÑO

En un sueño,
rompí y vacié una copa
llena de primavera...

[*Li Tsing Chao es la más famosa de las poetisas chinas.*]

Canción anónima (siglo XIV)

La hermanita está preocupada;
¿cuánto tendrá que esperar para casarse?
Siempre ve que el tiempo tira las flores,
nunca ve que el viento las devuelva a las ramas.

La muchachita está preocupada;
a la araña le falta hilo para acabar su tela.
Las flores no permanecen años y años en el árbol,
una muchacha no sigue siendo joven años y años.

Kakinomoto no Hitomaro (c. 680 – 710)

BAHÍA DE IWAMI

Bahía de Iwami,
por el cabo de Kara:
entre las peñas sumergidas
crece el alga miru[1]
y la brillante liana acuática
a las rocas se enlaza.
Mi mujer,
como liana a la piedra,
dormía abrazada a mí.
Dormía mi mujer
y yo la amaba
con un amor profundo
de alga miru.
Dormimos pocas noches:
como la viña al muro
nos arrancaron.
Me dolió el cuerpo,
me dolió el alma.
Al irme, volví los ojos:
el otoño de hojas quemadas
girando entre los valles
no me dejaban verla.
Como la luna
por la nube rota
se va a pique,
entre mis pensamientos
se iba mi mujer.
Y yo me iba
como se hunde el sol
entre los montes.
Creía que era valiente:
las mangas de mi traje
están mojadas por mi llanto.

CIELO ESTRELLADO

En el mar de los cielos
sobre olas de nubes
la barca de la luna
parece que navega
entre un bosque de estrellas.

1. *Miru: planta marina, abundante en Japón.*

Dama Kasa (siglo VIII)

EN LA SOLEDAD
DE MI CORAZÓN

En la soledad de mi corazón
siento que me voy a desvanecer,
como se desvanece la gota de rocío
pálida sobre el césped del jardín,
mientras caen las sombras en el atardecer.

*[Este poema de la Dama Kasa está recogido en la antología
Manyoshu, del siglo VIII, la más antigua recopilación de poesía
japonesa.]*

Ono no Komachi (c. 810 – c. 880)

LAS FLORES SE HAN
MARCHITADO

Las flores se han marchitado,
se desvaneció su color
mientras, sin darme cuenta,
pasaron mis días en este mundo
y la lluvia caía largamente.

EN LA COLINA

En la colina
el sol a plomo, fiero.
Roncas cigarras.
Nadie me llama, sólo
el viento, él solo. Nadie.

¿ES SUEÑO...

¿Es sueño
o es real este mundo?
¿Puedo saber
qué es real, qué es sueño,
yo que ya no soy yo?

*[Ono no Komachi, dama de la corte de Heian (794–1192),
impregnó sus poemas de una profunda melancolía.]*

Ariwara no Narihira (825 – 880)

AQUELLA LUNA

Aquella luna
de aquella primavera
no es ésta ni es
la misma primavera.
Sólo yo soy el mismo.

Ki no Tsurayuqui (c. 868 – 946)

LA GRULLA

Como si recordara
lo que ansiaba olvidar,
qué lúgubre su grito
en el campo de cañas.

HA DE VOLVER...

Ha de volver
este tiempo, lo sé.
Mas para mí,
que no he de volver,
es único este día.

LUNA EN EL AGUA

Luna en el agua
recogida en la concha
de una mano:
¿es real, irreal?
Eso fui yo en el mundo.

[*Último poema de Ki no Tsurayuqui.*]

ANTOLOGÍA KOKINSHU (c. 905)

Anónimos

SI HAY AGUA QUIETA...

Si hay agua quieta
en el corazón mismo
del remolino,
¿por qué en ti, torbellino,
no puedo dormir nunca?

ENTRE LAS NUBES

Entre las nubes,
las alas enlazadas,
patos salvajes.
Es tan clara la luna
que podemos contarlos.

¿SIEMPRE FUE ASÍ?

¿El mundo
siempre fue así
o ahora
se ha vuelto
sólo por mí tan triste?

Noin Hoshi (988 – ?)

DUDA

Del pino aquel
ahora en Takekuma,
ni una traza.
¿Desde que vine habrán
pasado ya mil años?

El monje Saigyo (1118 – 1190)

TODA LA NOCHE

Toda la noche
amotina las olas
el viento en cólera.
Y los pinos chorrean
húmeda luz de luna[2].

El sauce tiembla
en el agua corriente.
Bajo su sombra
—rumores y reflejos—
un momento reposo.

Todas las cosas
cambian —todos los días,
todas las noches.
Pero la luna arriba:
siempre la misma luz.

Si yo no creo
que lo real sea
real, ¿cómo creer
que son sueño los sueños?

2. *Luna: Buda.*

Fujiwara no Ariie (1155 – 1216)

RESIGNACIÓN

¿Decía no olvidarme?
Sólo palabras vanas.
La luna que brillaba
aquella noche
brilla de nuevo
y sólo esto queda.

El monje Daishi (1290 – 1366)

LA SENDA DEL PÁJARO

Si el eterno vacío
aspiramos, volando,
con el cuerpo alcanzar,
por la senda del pájaro
tendremos que ir. La vista,
el oído: no atarlos
a ninguna ilusión.
Soñar, tranquilos, libres...

Fujiwara no Sadaie (1162 – 1242)

EN LA PLAYA

Tarde de plomo.
En la playa te espero
y tú no llegas.
Como el agua que hierve
bajo el sol –así ardo.

Ioyo Dogen (1200 – 1253)

EL PATO

De aquí para allá, el pato.
No deja huellas,
no abandona la vía.

*[Dogen fue un monje que desde China introdujo
el budismo Zen a Japón.]*

Kan´ami Kiyotsugu (1333 – 1384)

HISTORIA DE KOMACHI

fragmento

Habla Komachi, mujer vieja:

Hierba flotante soy,
hierba flotante:
si me invitara el río,
lo seguiría.
Mas ninguna ola me invita…
Hace tiempo, cuando joven,
estaba llena de orgullo.
Mi pelo suelto,
centelleante y negro
como sauce danzante
en la brisa de la primavera.
Tenía voz de ruiseñor.
Más hermosa que la rosa silvestre:
entre sus pétalos abiertos
un cargamento de rocío
antes de su caída…
Ahora en la capital
me escondo de las miradas
por temor a que digan: "¿acaso es ella?"
Y huyo con la luna hacia el oeste,
me deslizo desde la Capital de las Cien Torres,
paso la Tumba de Amor de Toba,
la Colina del Otoño
hacia el Río de Laurel.

Barcas a la luz de la luna,
¿Quiénes son los que reman?
¿Quiénes son los que reman?
Estoy fatigada. Sobre este tronco seco
reposaré…

Sokan Yamasaki (1465 – 1553)

PRECAUCIÓN

Por si llueve, ven
con tu sombrilla
luna de medianoche.

LUNA DE OTOÑO

Luna de otoño.
Si le pones un mango
¡un abanico!

Teitoku Matsunaga (1571 – 1654)

AÑO DEL TIGRE

Año del tigre:
niebla de primavera
¡también rayada!

Arakida Moritake (1473 – 1549)

FLOR DE AIRE

La flor caída
va volando a su rama.
¡Es mariposa!

Kawai Sora (1649 – 1710)

INTENSA LLUVIA

Intensa lluvia:
revoltijo de estrellas
en la laguna.

Matsúo Basho (1644 – 1694)

A caballo en el campo,
y de pronto, detente:
¡el ruiseñor!

〜

Noche sin luna.
La tempestad estruja
añosos cedros.

〜

Un viejo estanque,
salta una rana: ¡zas!
Chapaleteo.

〜

Bajo las abiertas campánulas[3]
comemos nuestra comida,
nosotros que sólo somos hombres.

〜

Ese camino
nadie ya lo recorre,
salvo el crepúsculo.

3. *Campánulas: nombre de una flor, conocida también como farolillo.*

ANTE UN MECHÓN DE PELO DE SU MADRE MUERTA

¿Debo tomarlo?
Se abrasará en mis lágrimas.
Niebla de otoño.

～

El mar ya oscuro.
El graznido de un pato,
apenas blanco.

～

Mi mente evoca
multitud de recuerdos.
¡Estos cerezos!

～

El mar picado.
Tendida hacia las islas,
la Vía Láctea.

EN LA MONTAÑA

Calladamente
se marchitan las rosas.
Saltan los rápidos.

～

¡Cuánta quietud!
La voz de la cigarra
taladra rocas.

～

Jardín de invierno.
Hila la luna el canto
de los insectos.

～

Viento de otoño
más seco que tus piedras,
Monte Rocoso.

～

Sol invernal.
Montada en el caballo
mi sombra, helada.

Tersa nevada.
Los narcisos se doblan
bajo su peso.

~

Intenso aroma
de crisantemos, luego
del aguacero.

~

Lluvia de estío.
Tras la senda del sol,
los girasoles.

~

¿Flores de cuál
árbol brindan –lo ignoro–
esta fragancia?

~

Año tras año
en la jeta del mono
la misma máscara.

A UN DISCÍPULO

Sé tú, no yo,
nunca un melón partido,
mitad idéntica.

AÑO NUEVO, LUEGO DE QUEDARSE DORMIDO

Mañana seré,
primavera florida,
más cuidadoso.

[Matsúo Basho, poeta viajero, dio un nuevo brillo al arte de la poesía en Japón. Basho es el gran maestro del haikú, forma poética de gran concentración que con sólo tres versos consigue expresar intensas emociones y profundas realidades espirituales.]

Firdusi (c. 935 – c. 1020)

LA NEGRA NOCHE

fragmento

La noche parecía de azabache,
como si se hubiera lavado la cara con carbón.
Marte, Saturno y Mercurio eran invisibles.
La luna, ataviada como para un tiempo más hermoso,
había subido a su trono, preparada para su viaje,
pero los dos tercios de su corona estaban oscuros;
cruzaba un aire de herrumbre y polvo,
se oscurecía en medio de este triste mundo,
adelgazaba y su corazón se estremecía.
El cortejo de la negra noche había echado sobre llanos y valles
un manto de plumas de cuervo; el cielo parecía
acero carcomido por la herrumbre y cubierto con pez[1].
Por todos lados aparecía ante mis ojos Ahrimán[2]
como una gran serpiente abriendo las fauces,
y a cada suspiro parecía un negro que al soplar
enciende una chispa del carbón.
La rotación del cielo se había detenido
y los pies y las manos del sol no se movían.
Parecía que la tierra dormía bajo este velo negro,
el mundo estaba atemorizado de sí mismo.
No se oía la voz de un pájaro ni el grito de una bestia salvaje;
y el mundo no pronunciaba palabra, ni para bien ni para mal.
No se distinguía lo alto de lo bajo
y mi corazón se estremecía.

1. *Pez: sustancia resinosa, lustrosa, quebradiza, de color pardo amarillento.*
2. *Ahrimán: el espíritu del mal.*

Onsori (? – 1049)

PRIMAVERA

El viento primaveral se ha vuelto escultor
y en el prado, por su propio ingenio,
cada árbol parece una muñeca.
La tierra se ha cubierto de una tela china
y los árboles llevan por aretes hilos de perlas.
Igual que las hermosas tras la cortina
puedes ver que el sol coquetamente
sale de una nube o se esconde en otra.
Y la alta montaña quita de su cabeza
su diadema de plata, y todo luce en ella,
en su rostro la seda y en su seno el almizcle.

Nizami Ganjavi (1140 – 1203)

EL SUEÑO DEL BEDUINO

Cuando la noche desgarró el saco de su fragancia
para dispersarla en el ropaje del día,
apareció un ángel a Zeid mientras dormía
para mostrarle un prado espléndido
     que iluminaba el mundo.
Gracias a la altura de sus árboles, todo en él
era tan alegre como el corazón de los felices
y cada flor abierta parecía un jardín
y cada pétalo de rosa una antorcha.
Cada hierba, ojo clarividente,
era un pabellón celeste esmaltado de colores;
la esmeralda no le aventajaba en el verde
y su esplendor no tenía límites.
Las rosas abiertas ofrecían una copa
y el ebrio ruiseñor entonaba su canto.
Cuando los músicos hacían sonar los arcos
respondían las palomas con zureos.
A la sombra de los rosales, brillante como un sol,
un trono se elevaba al borde de la onda,
trono ornado de alfombras y brocados
tan hermosos como los del paraíso.
Allí, Mejnun y Laila, ángeles bendecidos,
dominaban con su belleza aquel trono de júbilos.
Ambos resplandecían de los pies a la cabeza
suntuosamente ataviados como huríes.
En la fresca primavera, copa en mano,
contábanse entre sí sus historias
ora poniendo sus labios en las copas
ora uniendo sus labios en un beso.

De tiempo en tiempo se hablaban
o se dormían a su capricho.
Y un viejo, de pie, absorto en devociones,
apoyaba la cabeza en lo alto del trono
y sin cesar removía monedas de oro
que dispersaba sobre los amantes.
En secreto, el beduino que soñaba este sueño
hacía preguntas a este viejo celeste:
"¿Qué nombre tienen en el jardín de elegidos
estas criaturas hermosas que sostienen las copas?
En el paraíso se encuentran ciertamente, pero
¿por qué han recibido una gloria tan alta?"
En seguida el viejo gastado por el tiempo
le respondió hablando en su lengua muda:
"Los dos amantes no son sino un ser único
y por la eternidad permanecen unidos.
Uno es el amo en su caballo árabe
y la otra por su dulzura es luna de belleza.
Mejnun es el nombre del rey
y a la luna se le nombra Laila.
Semejan dos rubíes aún intactos
en un cofre de amor y de fidelidad;
pero en este mundo no han tenido reposo
y nunca alcanzarán el objeto de su deseo.
Aquí sólo tendrán el sufrimiento
de permanecer unidos para siempre.
Quienes no han probado de este mundo
     los frutos
moverán la cabeza. Mas quienes en la tierra
conocen el dolor, ésta es la alegría
que encontrarán en el más allá."

Omar Jayyam (1040 – 1123)

RUBAIYAT

La vasta tierra: un poco de polvo en el espacio.
Todo el conocimiento de los hombres: palabras.
Los pueblos y animales y las flores: son sombras.
De tus meditaciones sólo un fruto: la Nada.

∿

El incierto mañana nunca nos pertenece.
Goza de hoy. Y bebe a la luz de la luna,
de esa luna que en vano, milenio tras milenio,
brillará muchas noches sin volver a
encontrarnos.

∿

Como el agua en el río y la brisa en el yermo,
ha pasado otro día de mi vida y la tuya.
No quiero, mientras dure esta existencia mía,
saber una palabra del ayer y el mañana.

∿

Olvida no alcanzar el premio que mereces.
Sé feliz. No te quejes. Y nunca esperes nada.
Lo que ha de sucederte está escrito en el Libro
de lo eterno, que el viento va al azar hojeando.

No supe por qué azar me trajeron al mundo
y me dieron la vida. ¿A qué, entonces, quejarme
de que ésta sea breve, si aun debo agradecerla?
Que se me sirva vino, que quiero aprovecharla.

∿

Si ha sido el Hacedor el que creó los seres,
¿por qué tan prontamente se empecina
          en destruirlos?
Si imperfectos y feos son, ¿quién tiene la culpa?
Y si bellos y buenos, ¿para qué aniquilarlos?

∿

¿Quién sabe si esa flor que nace en la ribera
del arroyo procede de unos corruptos labios?
Cruza pronto ese césped. Surgió tal vez
          del polvo
de un rostro juvenil que fue como la rosa.

∿

Después de tantos siglos hay albas y crepúsculos
y siguen las estrellas su curso prefijado.
Pisa suave en el barro; los terrones que aplastes
fueron tal vez los ojos de una joven bellísima.

∿

Los alfareros que hunden sus manos en el barro
bien pudieran tratarlo con más comedimiento.
¿Por qué han de maltratarlo con los pies
          y las manos?
Cuerpo humano fue el barro. ¿En qué piensas
          entonces?

Se dice que mis cómputos permitieron
    que el vario
contar del año fuera más fácil. Solamente
sé que el tictac del péndulo del calendario dice:
"Un mañana que nace, un ayer que ya ha muerto."

~

Cierra tu libro y piensa. Mira impasible al cielo
y a la tierra. Da al pobre la mitad de tus bienes,
perdona las ofensas, no le hagas daño a nadie
y apártate a un rincón si quieres ser dichoso.

~

El día que yo muera se acabarán las rocas,
los labios, los cipreses, las albas, los crepúsculos,
la pena y la alegría. Y el mundo habrá dejado
de ser, pues su existencia está en nosotros mismos.

~

La vida es un tablero de ajedrez, donde el Hado
nos mueve cual peones, dando mates con penas.
En cuanto acaba el juego, nos saca del tablero
y nos arroja a todos al cajón de la Nada.

~

Amigo: ¿de qué sirve pensar en el origen?
¿Por qué torturas tu alma con pensamientos
    vanos?
Vive feliz. Disfruta tu tiempo alegremente.
Nadie te consultó para hacer lo que existe.

Hemos de aprovechar el tiempo que nos queda.
Bajo tierra estaremos más tarde o más temprano,
convertidos en polvo, en polvo unido al polvo,
sin cantos y sin vino, sin amor y sin término.

~

¿Por qué debe inquietarme lo que oculta el futuro?
La desgracia persigue al hombre temeroso.
Alégrate y no tomes la vida muy en serio:
las zozobras no alteran el curso del Destino.

~

Quiero que cuando muera borren todas
    mis huellas;
y para que mi vida sea ejemplar, que amasen
con vino mis cenizas, y con ellas fabriquen
la tapadera de una tinaja para vino.

~

No hay nadie que haya alzado el telón del
Destino.
No hay nadie que conozca los secretos de Dios.
Durante siete décadas medité día y noche.
No he encontrado nada: el enigma es total.

~

El mundo no ha ganado nada con mi llegada.
No perderá su gloria nada con mi salida.
Mis orejas no oyeron explicar nunca a nadie
por qué debí llegar y tengo que partir.

Si tuviera en los cielos el poder que Dios tiene,
los desbarataría sin hacerme esperar,
y otro mundo urdiría, en donde un hombre libre
gozara de su dicha sin cerrarle el camino.

~

Yo tenía un maestro cuando estaba en la escuela.
Después yo fui maestro y creí haber triunfado.
Oye ahora el final. Todo esto ha sido sólo
un puñado de polvo bajo el soplo del viento.

~

De la Tierra a Saturno y más lejos aún,
conseguí resolver multitud de problemas.
Despejé mil incógnitas y deshice los nudos.
Menos el de la muerte, ese enigma insondable.

~

Mil veces te ocultas sin que nadie te encuentre.
Otras mil te revelas en los brillos del mundo.
Inventas para Ti tan hermoso espectáculo.
Eres Tú la comedia y Tú quien la contempla.

~

Largamente he buscado al amparo del mundo.
Empleé en esta búsqueda todo mi entendimiento.
Descubrí que la luna se oculta ante tu rostro,
que el ciprés es deforme comparado a tu talle.

Supón que se cumplieron tus anhelos. ¿Y luego?
Piensa que terminaron ya tus días ¿Y luego?
Di que fuiste feliz por cien años ¿Y luego?
Imagina que vives cien años más ¿Y luego?

~

Entre creer y no existe sólo un paso,
entre certeza y duda nada más otro paso.
Salva con alegría este trecho de un paso,
porque entre vida y muerte también
         hay sólo un paso.

~

El caudal de la vida se nos va entre los dedos.
La negra muerte anega nuestras almas con sangre
y nadie ha regresado para que yo pudiese
saber dónde se encuentran quienes partieron antes.

~

Igual que un gavilán, abandoné el misterio
del mundo, deseando sobrepasar la vida.
Vuelto aquí, no he encontrado a quién contar
         mi hallazgo,
y por la misma puerta otra vez me escapé.

~

Observa cómo el alba entreabre las rosas
y cómo el ruiseñor se regocija en ellas.
Repósate a su sombra, porque infinitas veces
volverán a ese barro del que han salido ayer.

En la mezquita, la sinagoga y la iglesia
tiemblan con el infierno, buscando el paraíso.
Semejante semilla no germina en el hombre
que conoce el secreto del Autor de las horas.

〜

Mi amor ha conocido la plenitud de su éxtasis.
Muero de sed y el agua limpia fluye a mi lado.
Mi bellísima amada ha cautivado mi alma.
Más que a mi vida la amo, pero no sé decírselo.

〜

¡Oh rueda de los cielos: no me gustan tus giros!
Suéltame. Soy indigno de tu tenaz cadena.
Tú gozas concediendo gracias a los imbéciles
y yo no soy tan sabio para que no me frustre.

〜

El tiempo se avergüenza, Oh Jayyam, de quien deja
que las vueltas del mundo entenebrezcan su alma.
Escucha el arpa y bebe en el cristal tu vino.
Bebe antes que el cristal se estrelle en una piedra.

〜

Perfumes, copas, cítaras, labios, ojos rasgados:
juguetes que las horas destruyen, sí, juguetes.
Frugalidad, renuncia, solicitud, trabajo:
cenizas son, que el tiempo desvanece, cenizas…

Reúnanse, eh, amigos, después de que haya
   muerto,
disfruten todos juntos; y así, cuando el copero
les escancie un buen vino, más añejo que nunca,
recuerden a Jayyam, y beban recordándolo.

〜

Procuren despertarme con vino, amigos míos.
Y lávenme con él si persisto en mi muerte.
Háganme la mortaja con pámpanos y entiérrenme
en un jardín con rosas que recubran mi tumba.

[La fama de Omar Jayyam como poeta ha eclipsado
la importancia de su obra científica. Fue un matemático
y astrónomo notable, que contribuyó a reformar el calendario
usado en su tiempo y resolvió problemas de geometría y álgebra.
Bajo su aparente sencillez, los poemas del sabio persa encierran
una filosofía amarga e irónica.]

Rumi (1207 – 1273)
Del *Diván de Shams de Tabriz*

DEL MISMO COLOR
QUE TU AMOR

Soy pintor, soy un creador de imágenes;
a cada instante creo bellas formas
y luego en tu presencia quemo todas.

Invoco a cien fantasmas y les infundo espíritu
pero cuando contemplo tu fantasma
los arrojo a la hoguera.

¿Eres tú quien destruye la casa que edifico?
Se disuelve en ti el alma
y se mezcla contigo.

Voy a apreciar al alma porque tiene
un aroma de ti.
Cada gota de sangre que procede

de mí, dice a tu polvo:
"Yo soy del mismo color que tu amor,
el compañero de tu afecto."

En esta casa de agua y barro, el corazón
está desolado sin ti.
Amor, entra en la casa, o la abandonaré.

HE OÍDO QUE PRETENDES

He oído que pretendes viajar: no lo hagas.
Que otorgas a tu amor un nuevo amigo
y compañero: no lo hagas.

Aunque seas singular en el mundo
ignoras la separación.
¿Qué intentas, desgraciado corazón partido?:
no lo hagas.

No te apartes de mí, no te vayas
con extranjeros.
Miras a otro a hurtadillas: no lo hagas.

Oh Luna, por quien se confunden los cielos,
me perturbas y aturdes: no lo hagas.

¿Dónde quedan la promesa y el pacto
que hiciste conmigo?: no lo hagas.

Faltas a tu palabra y a tu compromiso:
no lo hagas.

¿Por qué prometes y protestas?
¿Por qué te escudas en votos y lisonjas?:
no lo hagas.

Oh tú, cuyo vestíbulo está más allá
de la existencia y de la no-existencia,
en este momento traspasas la existencia:
no lo hagas.

Oh tú, cuyos mandatos obedecen
al infierno y al paraíso,
conviertes para mí el paraíso
en fuego infernal: no lo hagas.

En tu cañaveral de azúcar
estoy a salvo del veneno;
mezclas el veneno con el azúcar:
no lo hagas.

Mi alma es como un horno ardiente,
mas no te basta;
con tu ausencia vuelves mi rostro
pálido como el oro: no lo hagas.

Cuando apartas tu semblante, la Luna
se oscurece de pena.
Intentas eclipsar el orbe de la Luna:
no lo hagas.

Nuestros labios se secan cuando traes la sequía.
¿Por qué humedeces mis ojos con lágrimas?:
no lo hagas.

Puesto que no soportas la razón de los amantes,
¿por qué deslumbraste el ojo de la razón?:
no lo hagas.

Niegas los dulces a un enfermo de abstinencia;
está empeorando el paciente:
no lo hagas.

Mi ojo sin ley es ladrón de tu belleza.
Oh Amor, te vengas de mi vista ladrona:
no lo hagas.

Retírate, camarada, no es momento de hablar.
En el aturdimiento del amor,
¿por qué te entrometes?: no lo hagas.

Excepto la belleza de Shams, orgullo de Tabriz,
si contemplas a otro en ambos mundos:
no lo hagas.

*[Yalal Al Din Rumi es el más grande poeta místico de Persia
y uno de los maestros fundamentales de la enseñanza Sufi.
Su tumba es un lugar de peregrinación.]*

Saadi (c. 1215 – c. 1292)
De *El Jardín de las Rosas*

CONTEMPLANDO A LA AMIGA

La vida es buena y mejor al borde de las ondas.
El vino parece mejor que el canto del ruiseñor,
y qué gusto es dormir cerca de un jazmín florido.
La flauta es dulce junto a una amiga perfumada.
Renuncio al arpa y a los cantos del músico
y prefiero charlar con mi amada querida.
No te vuelvas para contemplar la llanura
porque es más agradable tu fiel amiga.
Como las mallas de una armadura, sus cabellos
trenzados y rizados, vencen con su gracia
las ondulaciones de la ola bajo el viento.
Saadi, ¿te das cuenta de lo que vale tu amiga
sin haber sufrido por ella? Es más agradable
tener lo que queremos cuando lo hemos buscado.

LA LÁMPARA

Una noche, mi amiga llegó a mi casa.
Me levanté con tal prontitud, que mi lámpara cayó.
Mi amiga me llenó de reproches diciendo:
—¿Por qué, apenas me viste, apagaste la lámpara?
—Creí que ya había salido el sol...
Vi en sueños una belleza que iluminaría
la noche más oscura. Y al despertar pensé:
"¿De dónde viene esta dicha?"
Si un impertinente se pone frente a tu lámpara, salta y échalo.
Pero si es una que viene con labios de miel
y sonrisa de azúcar, tómala por el brazo y apaga tu lámpara.

LOS CELOS

Recuerdo que una joven y yo fuimos inseparables
como dos almendras en una envoltura.
El destino quiso que yo partiera. Pasaron años.
Al retornar, mi amiga me dirigió violentos reproches:
—¿Por qué no me has escrito?,
¿por qué no has tenido piedad de mi tristeza?
—No quería que tu belleza quemara el corazón del mensajero...
¡Oh mi amiga!, sé indulgente. ¡Si supieras cuán celoso me sentía,
cómo he sufrido al pensar que los extraños
podían contemplarte hasta la saciedad!...
Pero me equivoco, esto no es posible,
porque nadie se cansa de un espectáculo inefable.

PACIENCIA

Tu amiga acaba de reclinar su cabeza sobre tu pecho.
Su mano oprime tu mano, sus ojos se cierran,
su garganta palpita y una sonrisa descubre sus dientes luminosos.
No te apresures a besar su boca, porque ya no verías su sonrisa...

MÁXIMAS

Cuando el río es caudaloso no hace ruido.

El dinero sirve para procurar comodidades, pero la vida no sirve únicamente
para hacer dinero.

No es un sabio el mulo cargado de libros, porque no sabe si lleva libros o leña.

Sólo se le tiran piedras al árbol cargado de frutos.

Un sabio locuaz es como un loco que agita una linterna. Alumbra a los demás y él tropieza.

Debemos ser como el sándalo que perfuma el hacha que lo hiere.

Golpea la cabeza de la víbora con el puño de tu enemigo: te resultará necesariamente un bien.
Si tu enemigo triunfa, morirá la víbora y si es mordido, tendrás un enemigo menos.

El que ha jugado su vida al azar, no ha ganado nada. Ha echado su oro al mar.

No reveles a tu amigo todos tus secretos: puede llegar a ser un día tu enemigo.
No le hagas a tu enemigo todo el mal que puedas hacerle: puede un día llegar a ser tu amigo.

No pronuncies en secreto una palabra que no puedas pronunciar delante de mil personas.

Habla delante de tus enemigos de tal manera que si llegan a ser tus amigos,
no tengas que avergonzarte de tus palabras.

El trabajo es el único remedio eficaz cuando se sufre.

Cuando vaciles en tomar una decisión, escoge la que presente menos inconvenientes.
El último recurso es el sable.

Un pastor dijo a su padre:
—Enséñame la bondad.
—Sé bueno, pero no hasta tolerar la audacia del lobo.

[Saadi de Shiraz tuvo una vida errante. Estuvo en Siria, Turquía, Egipto e India. Su tumba también es reverenciada.]

Hafiz (c. 1320 – 1389)

INVOCACIÓN

Tú eres como la mañana. Yo soy como una lámpara, al alba, en una habitación solitaria.
Dígnate pues sonreírme y mirar cómo te entrego mi vida.

Tus cabellos en desorden han encendido de tal modo mi corazón
que la tumba será para mí un lecho de violetas.

Me mantengo con los ojos abiertos en el umbral de tus deseos,
esperando una mirada; pero tú te ocultas.

Cómo te agradezco y pido a Dios que te proteja, a ti, madre de las penas.
El día que estoy solo no abandonas mi espíritu.

Soy esclavo de las pupilas de tus ojos, y a pesar de que su centro sea negro,
llueven con mil llantos cuando enumero mis dolores.

Mi ídolo se descubre a todas las miradas, y sin embargo
nadie advierte el guiño de ojos que yo reconozco tan bien.

Si sobre mi tumba mi amada pasara como el viento, yo, Hafiz,
por el poder del deseo convertiría en jirones mi mortaja en la estrechez de mi fosa.

JURAMENTO DE AMOR

Por el encanto de tus ojos, muchacha feliz, por la maravilla de esa pelusa que cubre
tus mejillas, por el aliento de tu boca de rubíes, por tu color y tu perfume, oh hermosa
primavera que me fascinas, por el polvo del camino que pisas, por la tierra que,
bajo tu pie, envidia el agua clara,

por tu andar semejante al vuelo de la perdiz montañera, por tus miradas más dulces
que los ojos de las gacelas, por tu gracia exquisita y tu aliento perfumado como
la mañana, por la atracción de tus cabellos olorosos como el viento de la tarde,

por esos ojos de ónix que sellan los míos, por esas joyas que son perlas en el joyero
de tu palabra, por esa flor de tu mejilla, oh Rosal de inteligencia, por ese divino jardín,
hogar de mis sueños,

Hafiz te jura, que si vuelves hacia él tu mirada, sacrificará para satisfacerte, no sólo todos
sus bienes, sino también su vida.

TODO ACABARÁ

Un ángel bajado del Cielo me trajo este mensaje : "Nadie permanecerá sobre la tierra para siempre."

Oh, rico, apresúrate a socorrer a tu hermano el pobre, pues tu oro y tu plata no te pertenecerán para siempre.

Las estrellas escriben en letras de fuego sobre la bóveda celeste: "Nada durará siempre, excepto el acto del justo."

Oh Hafiz, consérvate benévolo, porque el mal y la injusticia no triunfarán siempre.

[*Shams Al Din Muhammad, llamado Hafiz es, con Omar Jayyam, uno de los más grandes poetas líricos persas.*]

Imru'al–Qays (siglo VI)

EN LA ARENA, LA HUELLA DE NUESTROS CUERPOS

Detengámonos aquí para llorar el recuerdo de la bienamada,
en esta morada querida donde terminan las dunas.

Los vientos que soplan del norte y del sur
siguen tejiendo su tela pero aún no borran su rastro.

Cuando en el cielo las Pléyades aparecieron
como un adorno de perlas en un cinto

entré a su habitación cuando para dormir
ella sólo vestía una túnica ligera.

La incliné con mis manos en sus sienes, y se plegó
sobre mí, frágil talle y piernas prósperas ornadas de ajorcas.

Esbelta y blanca, no mostraba ninguna nostalgia
y su pecho era suave y pulido como un espejo;

su cuello hermoso como el de una gacela blanca,
delicado cuando se yergue y sin adorno alguno;

la cabellera abundante y negra brilla en su espalda
como el racimo de dátiles en la palmera

y sus bucles rebeldes se escapan indomables
invadiendo las cintas en ondas encrespadas;

los flancos delicados, flexibles como una cuerda trenzada,
las piernas, una cepa clavada en la tierra regada,

y con migajas de almizcle en su lecho esparcidas,
dormía, el sol ya alto, con descuidado abandono.

Con tiernas manos leves recibe de las mías
zarcillos de las viñas y palillos de Ishil;

y al caer la noche, el brillo de su frente disipa las tinieblas
como el fuego que enciende un ermitaño...

Mahoma (c. 570 – 632)
De *El Corán*

EL SOL PLEGADO

En nombre del Dios clemente y misericordioso.

Cuando el sol sea plegado,
cuando las estrellas caigan,
cuando las montañas sean puestas en movimiento,
cuando las hembras de los camellos sean abandonadas,
cuando los animales salvajes estén reunidos en tropas,
cuando los mares hiervan,
cuando las almas estén aparejadas,
cuando se pregunte a la hija enterrada viva
por qué crimen se le dio muerte,
cuando la hoja del Libro sea desenrollada,
cuando los cielos sean puestos a un lado,
cuando los braseros del infierno ardan con ruido,
cuando el paraíso se acerque,
toda alma reconocerá entonces la obra que ha hecho.
No juraré por las estrellas retrógradas,
que corren rápidamente y se ocultan.
Juro por la noche cuando aparece,
por la aurora cuando se desvanece,
que *El Corán* es la palabra del Enviado Ilustre,
poderoso cerca del dueño del trono, firme,
obedecido y fiel.
Vuestro conciudadano no es un poseído.
Lo ha visto distintamente en la cima del cielo,
y no sospecha los misterios que son revelados.
No son las palabras del demonio, el lapidado.
¿A dónde vais, pues? ¿A qué pensamientos os entregáis?
El Corán es una advertencia para el universo,
para los que buscan la senda recta.
Pero no podéis querer más que lo que quiere Dios, el soberano del universo.

[*El Corán* (del árabe Al Qur'an, que significa "lectura, recitación", es el libro sagrado de los musulmanes;
se dice que contiene la palabra de Dios, o Alá, transmitida por el árcangel Gabriel al profeta Mahoma.]

Dhu'l–Rummah (? – 735)

MUJER VELADA

Entre todos los vestidos, ¡que Alá confunda el velo!
Mientras vivamos será un azote para los jóvenes.
Nos esconde a las bellas, sin que podamos verlas,
y disimula a las feas para inducirnos a errar.

Abu Nuwas (c. 762 – c. 810)

CANCIÓN

Aquella noche estaba tan bonita y tan alegre...
Como jugando, mi mano atrevida
hizo deslizar el manto que cubría sus hombros,
y sus faldas también cayeron.
Y como la noche bajaba su cortina de sombras
quise ser audaz. Pero ella se excusó diciéndome: "mañana."
El día siguiente fui puntual a la cita y le recordé su promesa.
Ella me contestó: "Las palabras de la noche se desvanecen con el día."
Parecía preocupada. Quise abrazarla por sorpresa.
Pero entonces las aguas de sus ojos fluyeron, cálidas,
quemando las rosas que se abrían en sus mejillas.
Le ofrecí mi copa... ¡y ella cayó en mi hechizo!
¡Desgracia! Cuando salió de las ondas de su mareo,
creí que me mataría con una de las espadas de su abandono.
Tanto más que até de manera diferente el nudo de su cinto...

Al Mutanabbi (915 – 965)

QASIDAS[1] DE UN BEDUINO

fragmentos

Somos hijos de los muertos. ¿Por qué, entonces,
rechazamos la copa en la que hay que beber?...
No alcanza la inmunidad de la muerte el que espera
con el corazón tembloroso de espanto.

Todos mis contemporáneos recitan mis qasidas;
cuando compongo un poema, toda la época lo declama.
Lo lleva por los caminos el que nunca ha viajado;
lo canta entusiasmado el que nunca cantó.

Debes prescindir de toda voz que no sea la mía:
Yo soy el pájaro que gorjea y los demás son el eco.
He venido derecho a ti, sin torcerme hacia ningún otro,
arreando a mis dos monturas: la Miseria y el Arte.

El caballo, el desierto y la noche me conocen,
las lanzas y la espada, el papel y la pluma.
¡Oh enemigos! Nada queremos sino vuestras vidas,
no hay otro medio de llegar a vosotros que las espadas.

Pasan las olas, crestadas de espuma, como sementales
que relinchan sin furia al zambullirse.
Los pájaros, volando al ras de las estelas blanquiverdes.
Olas y pájaros: dos ejércitos que en la lid[2] se persiguen.

En pleno día parece una luna
ceñida por la verde oscuridad de los huertos...
Semeja un espejo enmarcado,
recién salido de su cofre de piel.

---

1. Qasidas: composición poética corta, característica de la lírica árabe, de asunto casi siempre amoroso.
2. Lid: combate, batalla, pelea.

Va tinto en sangre de caballeros y, en su selva,
se viste con la otra selva de sus melenas...
Va pisando la tierra, lleno de orgullo, con lentitud,
como un médico que palpa a un enfermo.

... En compañía de guerreros de pelo crespo, que afrontan la muerte sonriendo,
como si el perecer fuese su único fin:
beduinos de pura sangre que, cuando relinchan los caballos,
casi saltan de la silla, impetuosos, llenos de brío y de placer.

Anónimos (siglos IX – XVIII)
De *Las mil y una noches*

NO PIENSES QUE LA AUSENCIA

No pienses que la ausencia
     causa es de olvido;
cada vez te recuerdo
     con más cariño.
Mientras viva, alma mía,
     yo te querré,
y cuando resucite,
     te buscaré.

CANCIÓN DE ALABANZA

Todo es dulce en ti, pero tu boca, más.
Eres esbelto tú, pero tu cuello es más.
Tienes derecho a ser orgulloso,
tienes derecho a ser altanero,
tienes derecho a hacer lo que te plazca,
¿quién es más bello que tú?

POEMAS DE AMOR

1

Es como una antorcha en las tinieblas: ella es el día.
Cuando aparece, se alzan las auroras.
Con sus brillos, los soles reverberan
y la luna sonríe, si sonríen sus ojos.
Cuando su mirada relampaguea,
todos los ojos se llenan de lágrimas.

2

La luna en plenilunio se encontró con el sol en su cenit:
¡esos son los que se aman en el pleno esplendor de su belleza!

3

Tienes mejillas más rojas que las rosas,
son más sabrosas que el dátil de miel.

4

Cruel llega ella a mi jardín:
toda ella es un paraíso.
Rosas son sus mejillas,
peras y granadas sus pechos,
miel y rocío de luz su cuerpo todo.

5

Eres una armonía.
Tu cintura es un sauce que ondula,
tu estatura luciente abedul.
Miel de panal de los montes tu saliva,
besa siquiera la copa y dámela.
Es más dulce que el vino.
Abre tus labios para que mis ojos luzcan.
Resplandecen entre ellos las perlas de tus dientes.

6

Mis ojos en lágrimas se deshacían pensando en ti:
tú pensabas en otros amores.
Hermanas mías, poned en mi tumba:
Aquí yace una loca esclava del amor.

7

Si toco su cuerpo me estremezco
y todo mi ser se pone frenético.
¿Ver su cuerpo todo qué me causará?
La limpidez del agua y el oro de la luz
⠀⠀⠀lo entretejieron.

8

Luz de mis ojos, belleza de gacela:
Si te alejas, me muero.
Si te acercas me embriagas.
Vivo ardiendo y me extingo.

9

El rocío matinal moja las flores:
tus labios humedecen.
Tus ojos, oh tus ojos, son un manantial:
en ellos sacian su sed los labios sedientos.
Y tu boca... Tu boca es colmena que se hizo
⠀⠀⠀de perlas
y brota la miel y rabian las abejas.

10

Cornalinas son sus labios, si sonríe:
miel que fluye su saliva.
Sus dientes, collar de perlas,
sus cabellos en sus sienes
se enroscan como alacranes
para morder el corazón de quien la ama.
De un recorte de sus uñas fue hecha la luna
creciente.

11

Duermes sobre la púrpura:
tu rostro es una aurora,
cielos del mar tus ojos.
Estás erguido en pie:
eres narciso y rosas.
Y te envidia la palma.
Si tus cabellos ruedan,
son gemas que se enlazan:
¿Qué seda habrá que pueda compararse?

12

Vino con ropaje azul: era un jirón de cielo.
Fijó en mí sus ojos: eran dos espadas.
Encanto duerme bajo sus párpados.
Los suyos son dos espadas.
Labios, miel de panal. Mejillas, un rosal.
Su talle es un bambú. Bien clavado en la arena.

Más que la luna alumbra nuestra senda,
⠀⠀⠀si va de noche.
Me fijo en sus pupilas y me quema su ardor.

Al–Andalus La España musulmana

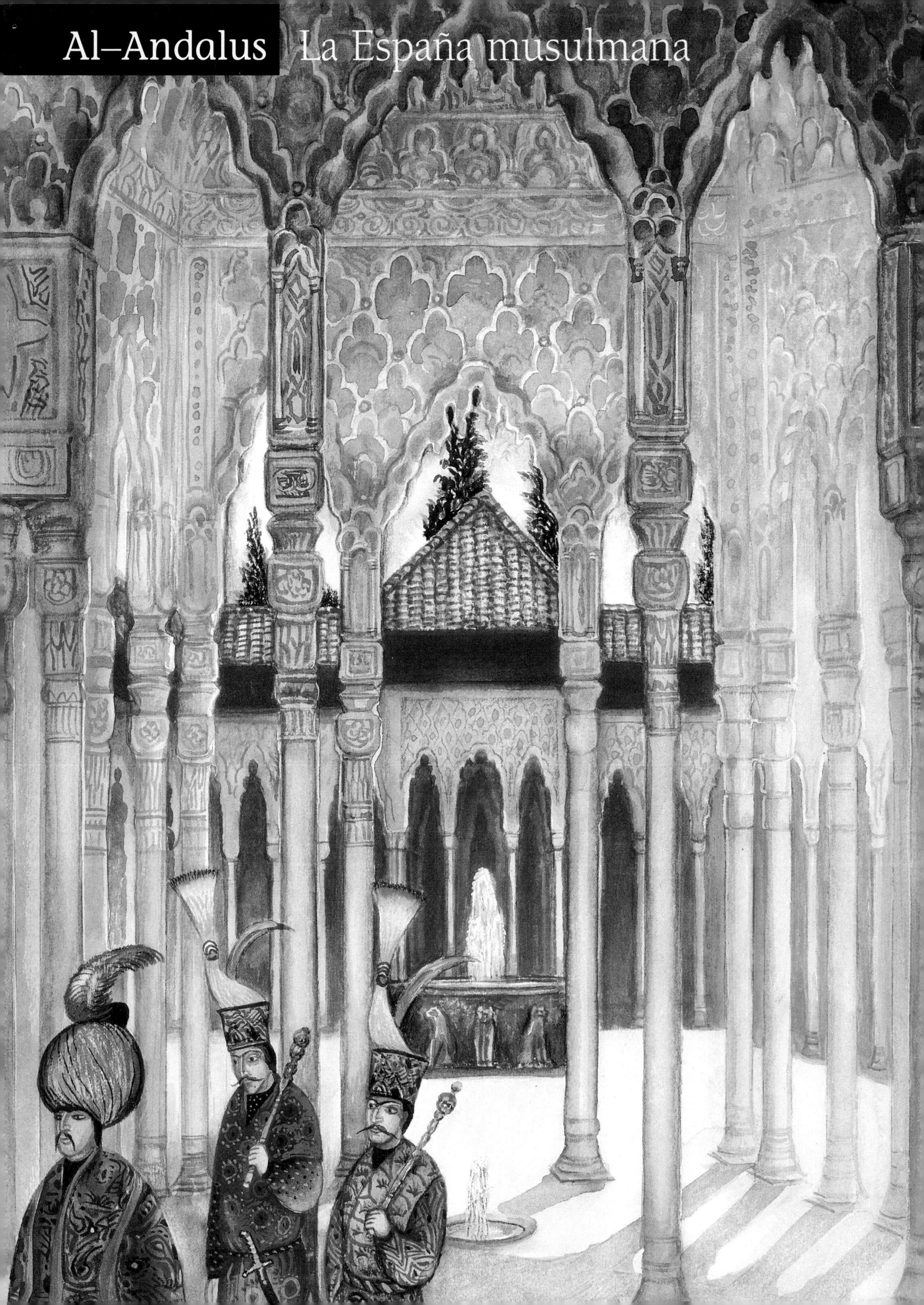

Ibn Hazm (994 – 1063)

PASTOR SOY DE ESTRELLAS

Pastor soy de estrellas, como si tuviera a mi cargo
apacentar todos los astros fijos y planetas.
Las estrellas en la noche son el símbolo
de los fuegos de amor encendidos en la tinieblas de mi mente.
Parece que soy el guardia de este jardín verde oscuro del firmamento
cuyas altas yerbas están bordadas de narcisos.
Si Tolomeo viviera, reconocería que soy
el más docto de los hombres en observar el curso de los astros.

POEMA

Me estremezco por un sol que, cuando se pone,
tiene por ocaso la oscuridad de las recámaras.
Un sol encarnado en esta doncella,
de figura como un blanco rollo de pergamino.
Su rostro es una perla; su cuerpo, un jazmín;
ámbar su aliento; toda ella, luz.
Tan lenta camina entre sus vestiduras,
como si pisara huevos o el filo de pomos de cristal.

MIS OJOS NO SE PARAN

Mis ojos no se paran sino donde estás tú.
Debes de tener las propiedades que dicen del imán.
Los llevo adonde tú vas y conforme te mueves,
como en la gramática, el atributo sigue al nombre.

PARA SUBIR AL CIELO

Cuando se trata de ella, me agrada la plática,
y exhala para mí un exquisito olor de ámbar.
Si habla ella, no atiendo a los que están a mi lado
y escucho sólo sus palabras placientes y graciosas.
Aunque estuviera con el Príncipe de los Creyentes,
no me desviaría de mi amada en atención a él.
Si me veo forzado a irme de su lado,
no paro de mirar atrás y camino como una bestia herida;
pero, aunque mi cuerpo se distancie, mis ojos quedan fijos en ella,
como los del náufrago que, desde las olas, contemplan la orilla.
Si pienso que estoy lejos de ella, siento que me ahogo
como el que bosteza entre la polvareda y el sol.
Si tú me dices que es posible subir al cielo,
Digo que sí y que sé dónde está la escalera.

SÉ COMO LA CANDELA

Los asuntos graves no los trates en broma,
pero, si quieres algo fácil, no malgastes energías.
Cuando te asalten las vicisitudes del Destino
–y las acometidas de la fortuna son frecuentes–,
opón con prudencia el esfuerzo adecuado:
poco te bastará frente a poco; mucho frente a mucho.
¿No ves la candela? Recién encendida,
cuando empieza a brillar, la apaga un soplo.
Pero, cuando prenden en ella llama y fuego,
tu mismo soplo la aviva y la propaga.

APROVECHA LA OCASIÓN

Aprovecha la ocasión, porque has de saber
que las ocasiones pasan más rápidas que el relámpago.
¡Cuántas cosas que podía hacer dejé para más tarde,
y luego, una vez idas, se hicieron nudos en mi garganta!
Date prisa a coger el tesoro que hallaste;
arrebata la presa como el halcón en acecho.

Ben Saraf (? – 1068)

SÁTIRA

Tienes una casa en donde se celebran veladas musicales perfectas para entretenernos.
    Pero entendámonos:
Las que cantan son las moscas, los que tocan la flauta en torno los mosquitos,
    y las danzarinas las pulgas.

Muhammad ibn Ubada al–Malaqi (fines del siglo XI)

TE JURO POR TU SONRISA

    Abu Amr, mi querido,
te juro por tu sonrisa
    que está mi pecho lleno
de pena, sábelo aprisa.
    O ten piedad, o dame
paciencia para que viva,
    porque ya mi garganta
traspasan agudas viras[1].
    ¡Ay del que hirió cruel
    flecha de amores,
    que sembró
    dolores;
que la muerte adornó,
    y, si atinó,
    médico no
    socorre!

---

1. *Viras: especie de flecha delgada y de punta muy aguda.*

Abu Bakr Muhammad ibn Arfa Ras'o (fines del siglo XI)

¡AY, QUÉ HERMOSA ES AQUELLA A QUIEN AMO

¡Ay, qué hermosa es aquella a quien amo,
    sin que sepa mi amor!
Pero así en el amor son las cosas,
    que se quiera o que no.
Basta ya, porque más ya no puedes,
    basta ya, corazón.
Lacerado estoy vivo, y de amante
    toda ley traspasé.
Pues que todo perdí, sólo el alma
    me quedó por perder.

¿QUÉ DARÍA, SI DE NADA ME SIRVE...

¿Qué daría, si de nada me sirve
    lo que puedo decir?
Mi tristeza y mi angustia, oh coqueta,
    ya no puedo sufrir.
Moriré si pretendes dejarme,
    aunque puedan así
el censor[2] con la suya salirse
    y su juicio vencer:
si me muero, es igual que en mi contra
    o a favor mío esté.

2. *Censor: magistrado encargado de vigilar las costumbres de los ciudadanos.*

Abú Bakr al–Turtusi (1059 – 1126)

AUSENCIA

Sin cesar recorro con mis ojos los cielos,
 por si viese la estrella que tú estás
 contemplando.
Pregunto a los viajeros de todas las tierras,
 por si encontrara a alguno que hubiese
 aspirado tu fragancia.
Cuando los vientos soplan, hago que me den
 en el rostro, por si la brisa me trajese
 tus nuevas.
Voy errante por los caminos, sin meta ni rumbo:
 tal vez una canción me recuerde
 tu nombre.
Miro furtivamente, sin necesidad, a cuantos
 me encuentro, por si atisbara un rasgo
 de tu hermosura.

Ben Sara (? – 1123)

UNA ALBERCA CON TORTUGAS

¡Qué bella la alberca rebosante! Parece una
pupila cuyas espesas pestañas son las flores.
Hay en ella tortugas cuyos saltos en el agua
 me divierten, y que se envuelven
 en ropas de verdín.

Se disputan la orilla, salvo cuando viene
 el frío del invierno, pues entonces
 se zambullen y se esconden.

Y, si alguna vez asoman en sus juegos, parecen
 soldados cristianos que llevan sobre
 los hombros escudos de ante.

Ben Guzmán (? – 1160)

A UNA MUJER LLAMADA UMM AL–HAKÁM

¿Podría en la ausencia vivir sin dolor
si junto a esta mujer dejé el corazón?

Por fiel, a su lado quedose al partir.
El día se me hace más largo que un mes.
Perdí mis afanes; mi luna perdí.
Después de dejarla me vino el pesar.

El pecho me hierve con la soledad.
Mas debo a la reina del mundo volver,
pues años y meses pasándose van,
y por Umm al-Hakám no pasa mi amor.

Se puede entre toda vecina ufanar,
pues es como flor de granado su tez,
con ojos muy grandes, de espeso negror,
que suelen a todos rasgar y embrujar.

¡Oh azúcar sabroso para el paladar!
Por esa boquita de labio sutil,
no olvides un pacto que el beso selló;
recuerda que juntos vivimos en paz;

sé fiel y constante (tu amante lo es);
no salgas de casa; te debes tapar;
si alguno bien te habla de mí, dale fe;
no caso al que venga con chismes harás.
A mi recadero recíbelo bien,
y, si es que una carta te dignas mandar,
tajándome un hueso por cálamo[3] fiel,
con tinta de sangre te voy a escribir.

---

3. *Cálamo: pluma de ave que sirve para escribir.*

Abú Ahmad ben Hayyun (siglo XII)

A UNA BELLEZA CON LUNARES EN LA CARA

Era tan blanca, que la juzgarías una perla que casi se fundía con nombrarla. Pero tenía las dos mejillas –blancas como el alcanfor– puntuadas de almizcle. ¡Encerraba toda la beldad y aun algo más!

Una vez que sus lunares se hubieron metido en mi corazón, tan hondo como yo me sé, le dije: "¿Acaso toda esa blancura representa todos tus favores y esos puntos negros algunos de tus desdenes?"

Me contestó: "Mi padre es escribano de los reyes y cuando me he acercado a él para expresarle mi amor filial, temió que descubriese el secreto de lo que escribía, y sacudió la pluma, rociándome de tinta la cara."

Ben Raia (siglo XIII)

EL SURTIDOR

¡Qué bello el surtidor, que apedrea el cielo con estrellas fugaces, que saltan como ágiles acróbatas!

De él se deslizan a borbotones chorros de agua, que corren hacia la taza como amedrentadas víboras.

Y es que el agua, acostumbrada a correr furtivamente debajo de la tierra, al ver un espacio abierto se apresura a huir.

Mas luego, al reposarse, satisfecha de su nueva morada, sonríe mostrando con orgullo sus dientes de burbujas.

Y entonces, cuando la sonrisa ha descubierto su deliciosa dentadura, inclínanse las ramas para besarla enamoradas…

Abul Beka (siglo XIII)

ELEGÍA A LA PÉRDIDA DE CÓRDOBA, SEVILLA Y VALENCIA

fragmento

Cuanto sube a la cima,
desciende pronto abatido
          al profundo;
¡ay de aquél que en algo estima
el bien caduco y mentido
          de este mundo!

          En todo terreno ser
sólo permanece y dura
          el mudar;
lo que hoy es dicha o placer
será mañana amargura
          y pesar.

          Es la vida transitoria
un caminar sin reposo
          al olvido;
plazo breve a toda gloria
tiene el tiempo presuroso
          concedido.

          Hasta la fuerte coraza
que a los aceros se opone
          poderosa,
al cabo se despedaza,
o con la herrumbre se pone
          ruginosa.

          Con sus cortes tan lucidas,
del Yemen los claros reyes,
          ¿dónde están?
¿En dónde los sasánidas[4]
que dieron tan sabias leyes
          al Irán?

          Los tesoros hacinados
por Karún el orgulloso,
          ¿dónde han ido?
De Ad y Temud afamados,
El imperio poderoso,
          ¿do se ha hundido?

          El hado, que no se inclina
ni ceja, cual polvo vano
          los barrió,
y en espantosa ruina,
al pueblo y al soberano
          sepultó.

Y los imperios pasaron,
cual una imagen ligera
          en el sueño;
de Cosroes se allanaron
los alcázares, do era
          de Asia dueño.

4. Sasánidas: nombre de una dinastía de reyes persas que dominaron de los siglos III al VII.

Desdeñado y sin corona
cayó el soberbio Darío
                    muerto en tierra.
¿A quién la muerte perdona?
Del tiempo el andar impío,
                    ¿qué no aterra?

De Salomón encumbrado,
¿al fin no acabó el poder
                    estupendo?
Siempre del seno del hado
bien y mal, pena y placer
van naciendo.
Mucho infortunio y afán
hay en que caben consuelo
                    y esperanza;
mas no el golpe que el Islam
hoy recibe en este suelo
                    los alcanza.

España tan conmovida
al golpe rudo se siente
                    y al fragor,
que estremece su caída
al Arabia y al Oriente
                    con temblor.

El decoro y la grandeza
de mi patria, y su fe pura,
                    se eclipsaron;
sus vergeles son malezas,
y su pompa y hermosura
                    desnudaron.
Montes de escombro y desiertos,
no ciudades populosas,
                    ya se ven;
¿qué es de Valencia y sus huertos?
¿Y Murcia y Játiva hermosa?
                    ¿Y Jaén?

¿Qué es de Córdoba en el día,
donde las ciencias hallaban
                    noble asiento,
do las artes a porfía
por su gloria se afanaban
                    y ornamento?

¿Y Sevilla? ¿Y la ribera
que el Betis fecundo baña
                    tan florida?
Cada ciudad de éstas era
columna en que estaba España
                    sostenida.

                    Sus columnas por el suelo,
¿cómo España podrá ahora
                    firme estar?
Con amante desconsuelo
el Islam por ella llora
                    sin cesar...

Ibn Zamrak (1333 – c. 1393)

INSCRIPCIÓN EN LA ALHAMBRA DE GRANADA

fragmento

Jardín yo soy que la belleza adorna:
sabrás mi ser si mi hermosura miras.
Por Muhammad, mi rey, al par me pongo
de lo más noble que será o ha sido.
Obra sublime, la Fortuna quiere
que a todo monumento sobrepase.
¡Cuánto recreo aquí para los ojos!
Sus anhelos el noble aquí renueva.
Las Pléyades le sirven de amuleto;
la brisa la defiende con su magia.
Sin par luce una cúpula brillante,
de hermosuras patentes y escondidas.
Rendido le da Géminis la mano;
viene con ella a conversar la luna.
Incrustarse los astros allí quieren,
sin más girar en la celeste rueda.
El pórtico es tan bello, que el palacio
con la celeste bóveda compite.
¡Cuántos arcos se elevan en su cima
sobre columnas por la luz ornadas,
como esferas celestes que voltean
sobre el pilar luciente de la aurora!
Las columnas en todo son tan bellas
que en lenguas corredora anda su fama:
lanza el mármol su clara luz, que invade
la negra esquina que tiznó la sombra;
irisa sus reflejos, y dirías
son, a pesar de su tamaño, perlas.
¡Jamás vimos alcázar más excelso!

América Antigua

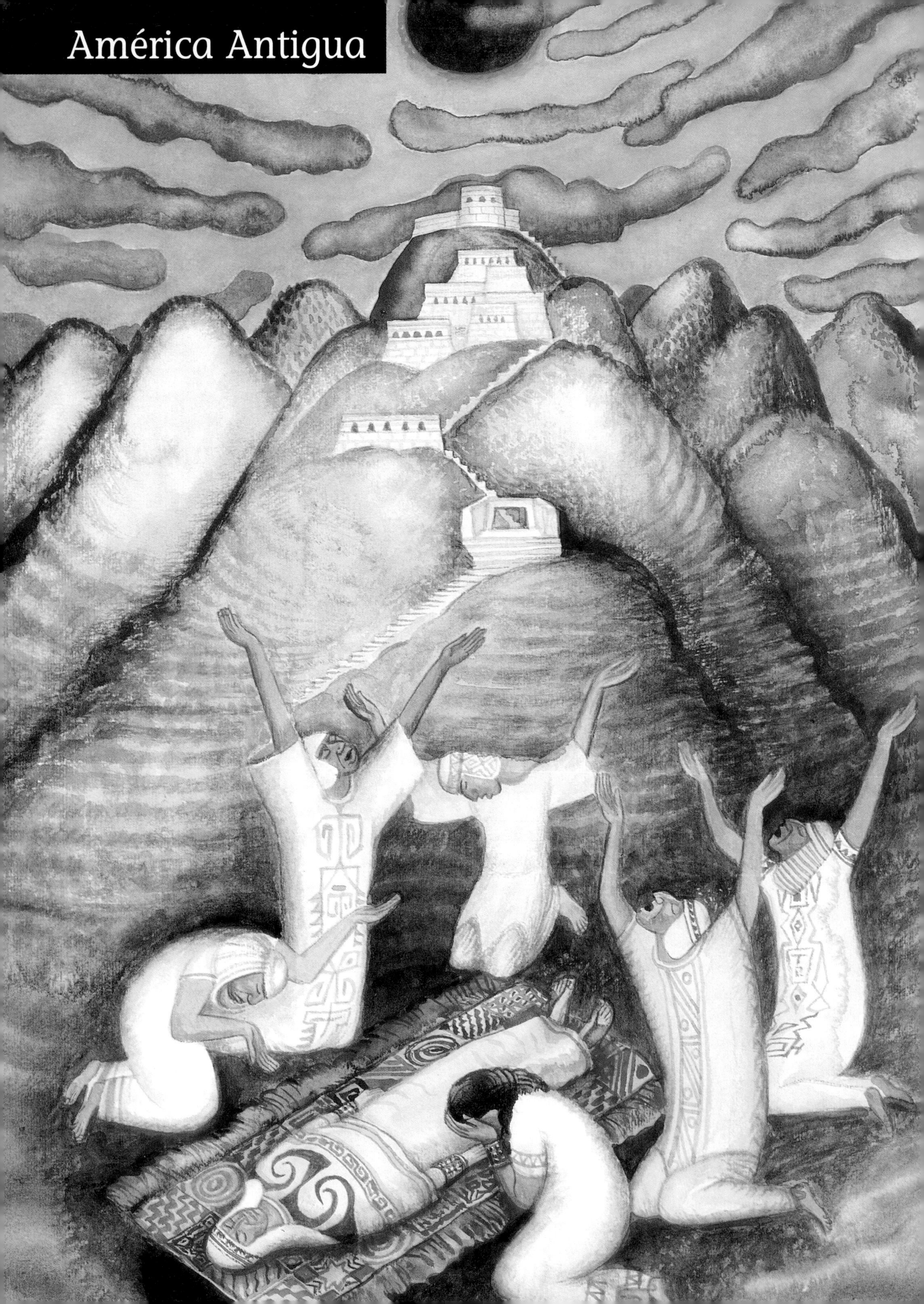

NAHUAS

Anónimo (siglos XIV – XV)

LA CREACIÓN DEL SOL

fragmento

Cuando aún era de noche,
cuando aún no había día,
cuando aún no había luz,
se reunieron,
se convocaron los dioses
allá en Teotihuacan.

Dijeron,
hablaron entre sí:
—"¡Venid acá, oh dioses!
¿Quién tomará sobre sí,
quién se hará cargo
de que haya días,
de que haya luz?"

—"¿Cómo habremos de vivir?
¡No se mueve el Sol!
¿Cómo en verdad haremos vivir a la gente?
¡Que por nuestro medio se robustezca el Sol,
sacrifiquémonos todos!…"

LA CONSTRUCCIÓN DE LAS PIRÁMIDES EN TEOTIHUACAN

Se pusieron en movimiento,
todos se pusieron en movimiento:
los niñitos, los viejos,
las mujercitas, las ancianas.
Muy lentamente, muy despacio se fueron,
allí vinieron a reunirse, en Teotihuacan.
Allí se dieron las órdenes,
allí se estableció el señorío.
Los que se hicieron señores
fueron los sabios,
los conocedores de las cosas ocultas,
los poseedores de la tradición.
Luego se establecieron allí los principados...

Y toda la gente hizo allí adoratorios (pirámides)
al Sol y a la Luna,
después hicieron muchos adoratorios menores.
Allí hacían su culto
y allí se establecieron los sumos sacerdotes
de toda la gente.
Así se decía Teotihuacan,
porque cuando morían los señores,
allí los enterraban.
Luego, encima de ellos construían pirámides,
que aún ahora están.
Una pirámide es como un pequeño cerro,
sólo que hecho a mano.
Por allí hay agujeros,
de donde sacaron las piedras,
con que hicieron las pirámides,
y así las hicieron muy grandes,
la del Sol y la de la Luna.

Son como cerros.
Y no es increíble
que se diga que fueron hechas a mano,
porque todavía entonces
en muchos lugares había gigantes...

Y lo llamaron Teotihuacan,
porque era el lugar
donde se enterraban los señores.
Pues según decían:
"Cuando morimos,
en verdad no morimos,
porque vivimos, resucitamos,
seguimos viviendo, despertamos.
Esto nos hace felices."

Así se dirigían al muerto,
cuando moría.
Si era hombre, le hablaban,
lo invocaban como ser divino,
con el nombre de faisán,
si era mujer con el nombre de lechuza
les decían:
"Despierta, ya el cielo se enrojece,
ya se presentó la aurora,
ya cantan los faisanes color de llama,
las golondrinas color de fuego,
ya vuelan las mariposas."

Por esto decían los viejos,
quien ha muerto, se ha vuelto un dios.
Decían: "se hizo allí dios,
quiere decir que se murió".

EL SABIO

El sabio: una luz, una tea[1], una gruesa tea que no ahuma.
Un espejo horadado, un espejo agujereado por ambos lados.
Suya es la tinta negra y roja, de él son los códices.
Él mismo es escritura y sabiduría.
Es camino, guía veraz para otros.
Conduce a las personas y a las cosas, es guía en los negocios humanos.
El sabio verdadero es cuidadoso, como un médico, y guarda la tradición.
Suya es la sabiduría transmitida, él es quien la enseña, sigue la verdad.
Maestro de la verdad, no deja de amonestar.
Hace sabios los rostros ajenos,
ayuda a los otros a tomar una cara (una personalidad),
los hace desarrollarla.
Les abre los oídos, los ilumina.
Es maestro de guías, les da su camino,
de él depende uno.
Pone un espejo delante de los otros, los hace cuerdos, cuidadosos;
hace que en ellos aparezca una cara (una personalidad).
Se fija en las cosas, regula su camino, dispone y ordena.
Aplica su luz sobre el mundo.
Conoce lo que está sobre nosotros y la región de los muertos.
Es hombre serio.
Cualquiera es confortado por él, es corregido, es enseñado.
Gracias a él la gente humaniza su querer y recibe una estricta enseñanza.
Conforta el corazón, conforta a la gente, ayuda, remedia, a todos cura.

1. *Tea: astilla o raja de madera impregnada de resina, que encendida alumbra como una antorcha..*

ELOGIO DE UN POETA

Se esparcen flores como siembra:
resuenan los cascabeles:
¡es tu tambor!
Eres una roja flor de pluma:
abres tu corola aquí en México.
Estás derramando tu fragancia aquí en México:
en todos se difunde.
Cayó al suelo un jade:
ha nacido una flor:
es tu canto.
Cuando tú lo elevas
aquí en México
es flor que luce como el sol.

CANTO DE UNA MUJER

De coral es mi lengua,
mis labios, de esmeralda,
así me siento yo a mí misma,
yo Quetzalchictzin, padres míos.
Abro mis alas y ante ellos lloro.
¿A dónde vamos? ¡Dentro del cielo!

CANTO DE DANZA

fragmento

Tiembla la tierra: comienza el canto la nación mexicana:
tan pronto como lo oyen, se ponen a bailar Águilas y Tigres.

Que venga el huexotzinga y vea cómo en el estrado de las Águilas
vocea y fuertemente grita el mexicano.

En la montaña de los alaridos, en los jardines de tierra
se ofrecen sacrificios, frente a la montaña de las Águilas,
donde se tiende la niebla de los escudos.

Donde resuenan los cascabeles,
vence y conquista el chichimeca mexicano:
donde se tiende la niebla de los escudos.

Hacen estruendo los cascabeles de Águilas y Tigres:
clavan la mirada a través de sus escudos de cañas,
con penachos de banderolas de pluma de quetzal
se agitan los mortíferos mexicanos.

Ah, fija tus ojos en mí: soy mexicano,
por mi esfuerzo me levanto en la casa de los escudos.
¿No estará aquí ninguno de los que con nosotros estaban?
¿Dónde andas? ¿Qué fue de tus palabras?
Ah, yo nací en la guerra florida: soy mexicano.

LA CIUDAD DEL DIOS DE LA GUERRA

Haciendo círculos de jade está tendida la ciudad,
irradiando rayos de luz como pluma de quetzal aquí está México:
junto a ella son llevados en barcas los príncipes:
sobre ellos se extiende una niebla florida.

¡Es tu casa, Dador de Vida, tú reinas aquí:
en Anáhuac se oyen tus cantos,
se extienden sobre los hombres!

Aquí están en México los sauces blancos,
aquí las blancas espadañas:
tú, como una garza azul extiendes tus alas volando,
tú las abres y embelleces a tus siervos.

Él revuelve la hoguera,
da su palabra de mando
hacia los cuatro rumbos del universo.
¡Hay aurora de guerra en la ciudad!

Nezahualcóyotl (1402 – 1472)

CANTOS DE PRIMAVERA

En la casa de las pinturas
comienza a cantar,
ensaya el canto,
derrama flores,
alegra el canto.

Resuena el canto,
los cascabeles se hacen oír,
a ellos responden
nuestras sonajas floridas.
Derrama flores,
alegra el canto.

Sobre las flores canta
el hermoso faisán,
su canto despliega
en el interior de las aguas.
A él responden
varios pájaros:
el hermoso pájaro rojo
bellamente canta.

Libro de pinturas es tu corazón,
has venido a cantar,
haces resonar tus tambores,
tú eres el cantor.
En el interior de la casa de la primavera,
alegras a las gentes.

Tú sólo repartes
flores que embriagan,
flores preciosas.
Tú eres el cantor.
En el interior de la casa de la primavera,
alegras a las gentes.

FUGACIDAD DE LO QUE EXISTE

Yo Nezahualcóyotl lo pregunto:
¿Acaso de veras se vive con raíz en la tierra?
No para siempre en la tierra:
sólo un poco aquí.
Aunque sea jade se quiebra,
aunque sea oro se rompe,
aunque sea plumaje de quetzal se desgarra.
No para siempre en la tierra:
sólo un poco aquí.

NO ACABARÁN MIS FLORES

No acabarán mis flores,
no cesarán mis cantos.
Yo cantor los elevo,
se reparten, se esparcen.
Aun cuando las flores
se marchitan y amarillecen,
serán llevadas allá,
al interior de la casa
del ave de plumas de oro.

CON FLORES ESCRIBES

Con flores escribes, Dador de la vida,
con cantos das color,
con cantos sombreas
a los que han de vivir en la tierra.
Después destruirás a Águilas y Tigres.
Sólo en tu libro de pinturas vivimos,
aquí sobre la tierra.
Con tinta negra borrarás
lo que fue la hermandad,
la comunidad, la nobleza.
Tú sombreas a los que han de vivir en la tierra.

CANTO A NEZAHUALCÓYOTL

Preludio de un poeta:

Ya se disponen aquí nuestros tambores:
ya hago bailar a Águilas y Tigres.
Ya estás aquí en pie, Flor del Canto.
Yo busco cantos: son nuestra dicha.

Oh príncipe mío, Nezahualcóyotl,
ya te fuiste a la región de los muertos,
al lugar de la incierta existencia:
ya para siempre estás allí.

Canto de otro poeta:

Sólo los cantos son nuestro atavío:
destruyen nuestros libros los jefes guerreros.
Haya aquí gozo;
nadie tiene su casa en la tierra:
tenemos que dejar las fragantes y olorosas flores.

Nadie dará término a tu dicha,
oh tú, por quien todo vive.
Mi corazón lo sabe: por breve tiempo
tienes todo prestado, oh Nezahualcoyotzin.
No se viene aquí por dos veces:
nadie tiene su casa en la tierra,
no por segunda vez venimos a la tierra.

Yo cantor lloro al recordar a Nezahualcóyotl.

[*Nezahualcóyotl, séptimo señor de Tezcoco, es la personalidad
más importante del México prehispánico. Heredero
del pensamiento tolteca, poeta, sabio, arquitecto, legislador,
su reinado llegó a ser un modelo de gobierno, virtudes y cultura
para los antiguos pueblos indígenas. Los poemas o cantos
de Nezahualcóyotl que se conservan tienen como temas
principales la divinidad, el destino del hombre y la poesía.*]

Tochihuitzin (siglos XIV – XV)

SÓLO VENIMOS A SOÑAR

Sólo venimos a dormir,
sólo venimos a soñar:
no es verdad, no es verdad
que venimos a vivir en la tierra.
En yerba de primavera
venimos a convertirnos:
llegan a reverdecer,
llegan a abrir sus corolas
nuestros corazones,
es una flor nuestro cuerpo:
da algunas flores y se seca.

Tecayehuatzin (siglos XV – XVI)

SÓLO LAS FLORES SON NUESTRA RIQUEZA

Sólo las flores son nuestra riqueza:
por medio de ellas nos hacemos amigos,
y con el canto nuestros pesares se disipan.
Y en las flores preciosas
se ven sus flores
en la tierra.

Lo sabe nuestro corazón.
Canta como lo quiere el corazón
de Aquél por quien vivimos en la tierra.

Nos adornamos, nos enriquecemos
con flores, con cantos:
ésas son las flores de la primavera:
¡con ellas nos adornamos
aquí en la tierra!

Hasta ahora es feliz mi corazón:
oigo un canto, veo una flor:
¡que jamás se marchiten en la tierra!

Totoquihuatzin (siglos XV – XVI)

UN ORFEBRE HACE UN COLLAR

Perforo esmeraldas,
estoy fundiendo oro:
es mi canto.

En hilo ensarto
ricas esmeraldas:
es mi canto.

Ayocuan (siglos XV – XVI)

DEL INTERIOR DEL CIELO VIENEN LOS CANTOS

Del interior del cielo vienen
las bellas flores, los bellos cantos.
Los afea nuestro anhelo,
nuestra inventiva los echa a perder.
A no ser los del príncipe Tecayehuatzin:
¡ésos disfrútenlos!

La amistad es lluvia de flores preciosas.
Blancas plumas de garza se entrelazan
con preciosas flores rojas
en las ramas de los árboles,
y bajo ellas andan y liban
los señores y los nobles.

Su canto es muy hermoso,
lo elevan muy hermoso.
Están en un prado de flores.
Cantan sobre las ramas floridas.
¿Acaso eres un ave preciosa del Dador de la
Vida?
¿Acaso le has hablado al dios?
Tan pronto como vieron la aurora
se han puesto a cantar.

Esfuércese, quiera mi corazón
las flores del Dador de la Vida.
¿Qué podrá hacer mi corazón?
En vano hemos llegado,
en vano hemos brotado de la tierra.
¿Sólo así he de irme,
como las flores que perecieron?
¿Nada quedará de mi nombre?
¿Nada de mi fama aquí en la tierra?
¡Al menos flores, al menos cantos!
¿Qué podrá hacer mi corazón?
En vano hemos llegado,
en vano hemos brotado en la tierra.

Gocemos, oh amigos,
haya abrazos aquí.
Ahora andamos sobre la tierra florida.
Nadie hará terminar aquí
las flores y los cantos,
ellos perduran en la casa
del Dador de la Vida.

Aquí en la tierra es la región
del momento fugaz.
¿También es así en el lugar
donde-de-algún-modo-se-vive[2]?
¿Allá se alegra uno? ¿Hay allá amistad?
¿O sólo aquí en la tierra
hemos venido a conocer nuestros rostros?

---

2. *Expresión que designa a la muerte.*

MAYAS

Del *Popol Vuh* (c. 1554 – 1558)

LA CREACIÓN

Ésta es la relación de cómo todo estaba en suspenso, todo en calma, en silencio;
    todo inmóvil, callado y vacía la extensión del cielo.

Ésta es la primera relación, el primer discurso. No había todavía un hombre,
    ni un animal, pájaros, peces, cangrejos, árboles, piedras, cuevas, barrancas,
    hierbas ni bosques: sólo el cielo existía.

No se manifestaba la faz de la tierra. Sólo estaban el mar en calma y el cielo en toda
    su extensión.

No había nada junto, que hiciera ruido, ni cosa alguna que se moviera, ni agitara,
    ni hiciera ruido en el cielo.

No había nada que estuviera en pie; sólo el agua en reposo, el mar apacible,
    solo y tranquilo. No había nada dotado de existencia.

Solamente había inmovilidad y silencio en la obscuridad, en la noche. Sólo el Creador,
    el Formador, Tepeu, Gucumatz, los Progenitores, estaban en el agua rodeados
    de claridad.

Estaban ocultos bajo plumas verdes y azules, por eso se les llama Gucumatz. De grandes
    sabios, de grandes pensadores es su naturaleza.

De esta manera existía el cielo y también el Corazón del Cielo, que éste es el nombre
    de Dios y así es como se llama.

Llegó aquí entonces la palabra, vinieron juntos Tepeu y Gucumatz, en la obscuridad,
    en la noche, y hablaron entre sí Tepeu y Gucumatz.

Hablaron, pues, consultando entre sí y meditando; se pusieron de acuerdo, juntaron
    sus palabras y su pensamiento.

Entonces se manifestó con claridad, mientras meditaban, que cuando amaneciera debía
    aparecer el hombre.

Entonces dispusieron la creación y crecimiento de los árboles y los bejucos
    y el nacimiento de la vida y la creación del hombre.

En las tinieblas y en la noche se dispuso así por el Corazón del Cielo, que se llama
    Huracán.

[El Popol Vuh, *o Libro del Consejo o Libro del Común, reúne las antiguas historias de los indios maya-quiché de Guatemala, escritas, como dice el propio manuscrito, "ya dentro de la ley de Dios, en el Cristianismo".*]

Del *Chilam Balam de Chumayel* (siglo XVI)

"KAHLAY" DE LA CONQUISTA

fragmento

Trece veces cuatrocientas veces,
años de años, vivieron herejes los Itzaes.
Y he aquí que se fueron.
También sus discípulos fueron tras ellos en gran número
y les daban su sustento.
Y muchos pequeños pueblos,
con sus dioses familiares delante,
fueron también tras ellos.
No quisieron esperar a los *dzules* (españoles),
ni a su cristianismo.
No quisieron pagar tributo.
Los espíritus señores de los pájaros,
los espíritus señores de las piedras preciosas,
los espíritus señores de los tigres,
los guiaban y los protegían.
Mil seiscientos años y trescientos más
¡y habría de llegar el fin de su vida!
Porque sabían en ellos mismos la medida de su tiempo.

Toda luna, todo año, todo día, todo viento,
camina y pasa también.
Toda sangre llega al lugar de la quietud,
como llega a su poder y a su trono.
Medido estaba el tiempo
en que alabaran la magnificencia de Los Tres.
Medido estaba el tiempo
en que pudieran encontrar el bien del Sol.
Medido estaba el tiempo
en que miraran sobre ellos la reja de las estrellas,
de donde, velando por ellos,
los contemplaban los dioses,
los dioses que están aprisionados en las estrellas.
Entonces era bueno todo
y entonces fueron abatidos.

Había en ellos sabiduría.
No había entonces pecado.
Había santa devoción en ellos.
Saludables vivían.
No había entonces enfermedad;
no había dolor de huesos,
no había fiebre para ellos,
no había viruelas,
no había ardor de pecho,
no había dolor de vientre,
no había consunción.
Rectamente erguido iba su cuerpo, entonces.

No fue así lo que hicieron los dzules
cuando llegaron aquí.
Ellos enseñaron el miedo;
y vinieron a marchitar las flores.
Para que su flor viviese,
dañaron y sorbieron la flor de los otros.

No había ya buenos sacerdotes que nos enseñaran.
Éste es el origen del Trono del segundo tiempo,
del reinado del segundo tiempo.
Y es también la causa de nuestra muerte.
No teníamos buenos sacerdotes, no teníamos sabiduría,
y al fin se perdió el valor y la vergüenza.
Y todos fueron iguales.

No había Alto Conocimiento,
no había Sagrado Lenguaje,
no había Divina Enseñanza
en los sustitutos de los dioses
que llegaron hasta aquí.
¡Castrar al Sol!
Eso vinieron a hacer aquí los extranjeros.
Y he aquí que quedaron los hijos de sus hijos
aquí en medio del pueblo,
y ésos reciben su amargura…

[Los llamados Libros de Chilam Balam, *o* Libros del Adivino Balam, *fueron redactados después de la conquista española. Existen varios de estos libros. El más importante se encontró en el pueblo de Chumayel, en Yucatán]*

Del *Rabinal–Achí* (siglo XV)

EL VARÓN DE LOS QUICHÉ

fragmento

¡Salud, Varón! Yo soy quien acaba de llegar a la entrada de los grandes muros,
a la entrada de la gran fortaleza, en donde tú extiendes tus manos, en donde tú extiendes
tu sombra. Vinieron a anunciar la noticia de mi presencia a tu boca, a tu faz. Soy
un valiente, soy un varón, porque tú valiente, tú varón, el eminente de los varones,
el Varón de Rabinal, vino a lanzar su desafío, su grito a mi boca, a mi faz.
Yo he anunciado la noticia de tu presencia a la faz de mi gobernador, de mi hombre,
ha dicho esto: "Haz, pues, entrar a ese valiente, ese varón, ante mi boca, ante mi faz,
para que yo vea su boca, para que yo vea su faz, cuán valiente es él, cuán varón es él.
Advierte a ese valiente, a ese varón de no hacer ruido, de no hacer escándalo,
de inclinarse, de inclinar su faz, cuando él llegue a la entrada de los grandes muros,
a la entrada de la gran fortaleza". Así dijo la palabra de tu valiente, de tu varón, a mi
boca, a mi faz. ¡Y bien! Soy un valiente, soy un varón, y si tengo que inclinarme,
que inclinar mi faz, he aquí con lo cual me inclinaré, aquí está mi flecha, aquí está
mi escudo, con lo cual yo abatiré tu destino, tu día de nacimiento, yo golpearé la parte
baja de tu boca, la parte alta de tu boca, y tú vas a sufrirlo, ¡oh jefe!

[*El Rabinal-Achí, o Varón de Rabinal, es la única obra de teatro prehispánico que se conserva completa.
Está escrita en la lengua quiché de Guatemala. Se representaba con acompañamiento de música y danza.*]

QUECHUAS

Anónimos (siglo XVI)

PODEROSO WIRACOCHA

Dios, origen del Universo,
creador de todo,
oro que ardes tan sólo
entre la noche del corazón.

Que la alegría de tus ojos
venga en el alba,
que el calor de tu aliento
venga en el viento.

Que tu mano magnánima
siempre se extienda
y que tu sempiterna voluntad
sea la única que florezca.

DEL MUNDO DE ARRIBA

Del mundo de arriba,
del mundo de abajo,
del océano extendido,
el hacedor.
Del vencedor de todas las cosas,
del que mira espléndidamente,
del que hierve intensamente,
que sea este hombre,
que sea esta mujer,
diciendo, ordenando,
a la mujer verdadera,
te formé.
¿Quién eres?
¿Dónde estás?
¿Qué arguyes?
¡Habla ya!

PASTORIL

Una llama quisiera
que de oro tuviera el pelo
brillante como el sol;
como el amor fuerte,
suave como la nube
que la aurora deshace.
Para hacer un quipus[3]
en el que marcaría
las lunas que pasan,
las flores que mueren.

ME DIO EL SER MI MADRE

Me dio el ser mi madre
                    ¡Ay!
entre una nube de lluvia,
                    ¡Ay!
semejante a la lluvia para llorar,
                    ¡Ay!
semejante a la nube para girar
                    ¡Ay!
para andar de puerta en puerta,
                    ¡Ay!
como la pluma en el aire,
                    ¡Ay!

AL CÁNTICO

Al cántico
dormirás
media noche
yo vendré.

LLANTO DE LAS PRINCESAS

Lloremos,
lágrimas de sangre, lloremos,
con desesperación, a gritos,
lloremos,
que el sol para siempre
la luz quitó.
No miraremos más su frente,
ni oiremos más su voz,
ni su mirada cariñosa
velará por su pueblo...

3. Quipus: instrumentos usados antiguamente en Perú, fabricados con cuerdas y cordones de colores entrelazados y anudados, que servían como sistema de contabilidad y registro de fechas y asuntos históricos.

ELEGÍA A LA MUERTE DEL INCA ATAHUALPA

fragmentos

¿Qué arco iris este negro arco iris
que se alza?
Para el enemigo del Cuzco flecha horrible
que amanece.
Por doquier una granizada siniestra
golpea.

Mi corazón presentía
a cada instante,
aun en sueños, asaltándome,
en el letargo,
a la mosca azul anunciadora de la muerte;
dolor inacabable.

El sol se vuelve amarillo, anochece
misteriosamente;
amortaja a Atahualpa, su cadáver
y su nombre;
la muerte del Inca reduce
al tiempo que dura un parpadeo.

Su amada cabeza ya la envuelve
el horrendo enemigo;
y un río de sangre camina; se extiende,
en dos corrientes.

Sus dientes crujidores ya están mordiendo
la bárbara tristeza;
se han vuelto de plomo sus ojos que eran como el sol,
ojos de Inca.

Se ha helado ya el gran corazón
de Atahualpa.
El llanto de los hombres de las Cuatro Regiones
ahogándole.

La tierra se niega a sepultar
a su Señor,
como si se avergonzara del cadáver
de quien la amó,
como si temiera a su adalid
devorar.

Las lágrimas en torrentes, juntas,
se recogen.
¿Qué hombre no caerá en el llanto
por quien le amó?
¿Qué niño no ha de existir
para su padre?…

Mortalmente sufre su tristeza delirante,
la Madre Reina;
los ríos de sus lágrimas saltan
al amarillo cadáver.
Su rostro yerto, inmóvil,
y su boca dice:
"¿A dónde te fuiste perdiéndote
de mis ojos,
abandonando este mundo
en mi duelo;
eternamente desgarrándote,
de mi corazón?"

Se ha acabado ya en tus venas
la sangre;
se ha apagado en tus ojos
la luz;
en el fondo de la más intensa estrella ha caído
tu mirar…

¿Soportará tu corazón,
Inca, nuestra errabunda vida
dispersada,
por el peligro sin cuento cercada, en manos
ajenas,
pisoteada?
Tus ojos que como flechas de ventura herían
ábrelos;
tus magnánimas manos
extiéndelas;
y con esa visión fortalecido
despídenos.

[Atahualpa, el último emperador inca, fue hecho prisionero
y asesinado por los españoles en 1533.]

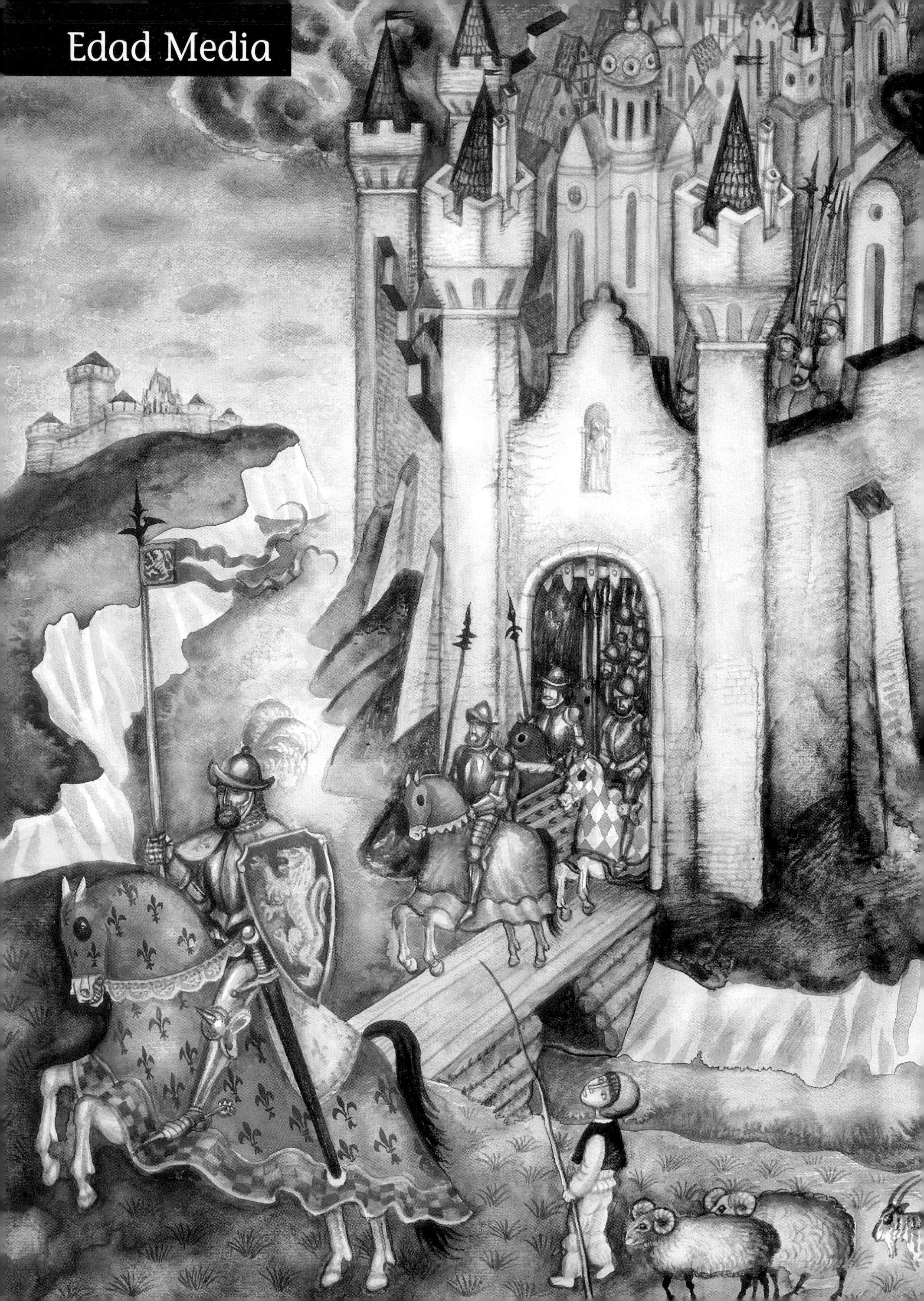

IRLANDA

Del *Libro de las invasiones* (siglo XIII)

CANCIÓN DE AMERGIN

Soy un ciervo: *de siete puntas*[1],
soy una creciente: *a través de un llano,*
soy un viento: *en un lago profundo,*
soy una lágrima: *que el sol deja caer,*
soy un halcón: *sobre un acantilado,*
soy una espina: *bajo la uña,*
soy un prodigio: *entre flores,*
soy un mago: *¿quién sino yo*
inflama la cabeza fría con humo?

Soy una lanza: *que anhela la sangre,*
soy un salmón: *en un estanque,*
soy un señuelo: *del paraíso,*
soy una colina: *por donde andan los poetas,*
soy un jabalí, *despiadado y cojo,*
soy un quebrantador: *que amenaza la ruina,*
soy una marea, *que arrastra a la muerte,*
soy un infante: *¿quién sino yo*
atisba desde el arco no labrado del dolmen[2]*?*

Soy la matriz: *de todos los bosques,*
soy la fogata: *de todas las colinas,*
soy la reina, *de todas las colmenas,*
soy el escudo: *de todas las cabezas,*
soy la tumba: *de todas las esperanzas.*

[*Esta canción, conjuro o encantamiento es un antiguo calendario-alfabeto celta.*
Su composición se atribuye a Amergin, el primer poeta de Irlanda,
que según la leyenda vivió en el siglo XIII]

1. Puntas: *cada una de las protuberancias de las astas del ciervo.*
2. Dolmen: *monumento prehistórico en forma de mesa erigido con grandes piedras sin labrar.*

INGLATERRA

Anónimo (siglo VIII)
De *Beowulf*

*[Beowulf va a Dinamarca para prestarle su ayuda
al rey Ródgar.]*

El acoso de Gréndel a oídos llegó
del intrépido gauta[3], el heroico Beowulf.
En fuerza excedía este noble varón
a todos los hombres que vivos entonces
había en el mundo. Mandóse equipar
un viajero del agua[4]: marchar decidió
por la senda del cisne[5] en socorro del rey,
del bravo caudillo al que gente faltaba.
Bien poco reparo a su marcha pusieron
los sabios ancianos, aunque era querido:
a partir le incitaron tras ver los augurios.
Llevaría consigo el mejor de los gautas
selectos guerreros, los más valerosos
que pudo encontrar. Quince marcharon
al leño del agua[6]: el buen navegante
resuelto a la costa a su gente llevaba.
El momento llegó. Al pie de las peñas
flotaba la nave; animosos los hombres
saltaron a bordo. Se arrollaban las olas,
mar contra arena. Los guerreros pusieron
adentro del barco magníficas piezas,
brillantes pertrechos. Hiciéronse al mar,
viaje emprendieron en recio navío.

Por el viento impulsado el barco avanzó
–de espumas cubierto lo mismo que el ave–
y al tiempo debido, un día después,
el curvo navío llegó a su destino
y los hombres de mar divisaron la costa,
relucientes escollos, altas montañas,
buen litoral. Acabóse el viaje
a través del estrecho. Del leño del agua
saltaron los wedras[3] con mucha premura,
atracáronlo luego; rechinaban las cotas
y arneses de guerra. Dieron gracias a dios
pues quísoles dar tan feliz travesía.

[Beowulf es el poema épico más antiguo del mundo germánico.]

3. *Gautas o wedras: nombre de un pueblo de la antigua Inglaterra.*
4. *Viajero del agua: un barco.*
5. *Cisne: el mar.*
6. *Leño del agua: un barco.*

FRANCIA

Anónimo (c. 1110 – 1125)
Del *Cantar de Roldán*

[El conde Roldán, sobrino del emperador Carlomagno, cae víctima de una emboscada de los vascones
–el poema la atribuye a los árabes– en el estrecho de Roncesvalles, en los Pirineos; para dar aviso
a la vanguardia del ejército francés el joven paladín, abrumado por el enemigo, ha hecho sonar su olifante
(cuerno de caza y de guerra) con tal fuerza, que se le han reventado las venas de la cabeza: el cerebro
se le sale por las orejas, dice el texto. Roldán se despide de su espada.]

Siente Roldán que está ya próxima la muerte;
ruega a Dios por sus Pares[7], para que los acoja,
y después, por sí mismo, ruega al ángel Gabriel.
El olifante toma –que nadie lo reproche–
y a Durandarte empuña, su espada, en la otra mano;
allí, bajo un bello árbol, sobre la hierba verde,
cayendo boca arriba, allí se desvanece,
pues la muerte está cerca. Altas son las montañas,
los árboles son altos; hay ahí cuatro gradas
de mármol refulgiendo; sobre la hierba verde
cede el conde Roldán: "Desbaratado está
mi olifante, caídos el oro y el cristal."

Siente Roldán nublársele la vista; como puede
va a ponerse de pie, haciendo un gran esfuerzo;
su rostro pierde el color. Ante él hay una piedra;
con diez golpes la hiere, con rabia y con dolor;
el acero restalla, ni se quiebra ni mella.
¡Ah! —murmura el conde— ¡Santa María, ayúdame!
¡Ah Durandarte buena, siento pena por ti!
¡Cuando yo muera, no estarás a mi cuidado!
¡Por ti tantas batallas, dominé a campo abierto,
y en tantas tierras anchas combatimos por Carlos,
el de la barba cana… Fuiste de un buen vasallo.
Jamás habrá otra igual a ti en la Santa Francia."

7. *Pares: título de alta dignidad en algunos estados y cortes.*

Hiere Roldán ahora un risco de sardónice[8]:
el acero restalla, ni se quiebra ni mella.
Cuando ve que no puede desbaratar su espada,
a sí mismo se queja: "¡Durandarte, ah, qué bella
eres, qué clara y blanca relumbras contra el sol!

Roldán golpea contra un oscuro peñasco
y lo raja hasta el punto que yo no sé deciros.
La espada restallante ni se quiebra ni mella,
mas rebota hacia el cielo. Cuando el conde percibe
que no podrá romperla, muy dulcemente dice:
"¡Durandarte, ah, qué bella y qué santísima eres!
Tu pomo de oro está colmado de reliquias:
un diente de San Pedro, sangre de San Basilio,
pelo de San Dionisio, mi señor, y un pedazo
del vestido de la Santa Virgen María.
No es justo que paganos te tengan: a cristianos
debes sólo servir. ¡Que nunca jamás vengas
a manos de un cobarde! ¡Por ti cuántas extensas
comarcas conquisté! Carlos, el de la barba
florida las posee. ¡Él, el Emperador!…

Siente Roldán que la muerte lo va invadiendo,
de su cabeza baja hasta su corazón.
Corre para ponerse debajo de un gran pino,
sobre la hierba verde se tiende boca abajo,
debajo de sí pone su espada y olifante,
y vuelve el rostro al lado de las gentes paganas;
lo hace así porque quiere que Carlos diga,
        y todos,
que él, el conde gentil, ha muerto vencedor.
Por sus pecados ruega y tiende a Dios el guante.

Siente Roldán que el tiempo suyo se ha terminado.
Sobre un agudo risco tendido está hacia España;
con una de sus manos el pecho se golpea.
"Por tu gracia, perdóname, Dios y por mis
        pecados
los grandes y pequeños, que cometí, desde la hora
en que nací, hasta hoy, en que aquí estoy caído."
Y su guante derecho lo levanta hacia Dios.
Los ángeles del cielo descienden hasta él.

8. *Sardónice: piedra semipreciosa, ágata de color amarillento con franjas oscuras.*

ALEMANIA

Anónimo (c. 1160 – 1200)
Del *Cantar de los Nibelungos*

Lo que soñaba Krimhilda

Narran cosas fantásticas los cantares antiguos:
de gloriosos héroes de gran temeridad,
de fiestas y alegría, de llantos y lamentos,
de luchas de valientes vais a oír maravillas.

Creció en tierra burgundia[9] una niña tan noble
que en todos los países ninguna era más bella.
Se llamaba Krimhilda; fue mujer muy hermosa.
Y muchos caballeros por ella fallecieron.

Amar a la muy noble no avergonzaba a nadie;
la pretendieron héroes, nadie la malquería;
era más que muy bella esta muchacha noble.
Los modos de la joven gala eran de mujer.

Tres reyes la cuidaban, poderosos y ricos,
Gunther y Gernot, dos héroes sin igual,
y Geiselher el joven, un guerrero escogido;
ella era su hermana: tenían que cuidarla.

Se llamó Ute su madre, reina de gran riqueza,
y Dankrat fue su padre, el cual legó su herencia,
al morir, a sus hijos; antes fue un hombre fuerte;
ganó muchos honores cuando aún era joven.

A la orilla del Rhin, en Worms, estos señores
poderosos vivían. Y a su servicio estaban
guerreros orgullosos, que durante su vida,
con gran honor, leales fueron hasta la muerte.

9. *Burgundia: antigua región de Alemania, a orillas del río Rhin.*

Del poder de la corte, de su prestigio enorme,
su dignidad tan alta y de los caballeros,
cómo eran buenos súbditos, alegres en su vida,
de todo eso, en verdad, nadie puede contarlo.

Krimhilda, en su alma virgen, soñó que un halcón criaba,
fuerte, bello y salvaje; pero a éste lo agarraron
dos poderosas águilas, ¡y ella lo presenció!
No padeció dolor más grande en esta tierra.

Contó el sueño a su madre, la rica reina Ute,
que no sabía explicarlo de otro modo que así:
"El halcón que tú criaste es un hombre muy noble;
que Dios lo guarde, si no, pronto morirá."

"¿Me dices que es un hombre, mi madre queridísima;
así quiero quedarme sin amor para siempre:
quiero permanecer tan bella hasta mi muerte,
para no tener penas de amor por ningún hombre."

"No te opongas del todo, la madre dijo a ella,
si jamás en la tierra pretendes ser feliz
es por amor a un hombre; serás su bella esposa,
si Dios te favorece con un buen caballero."
"No digas tales cosas, mi madre queridísima,
pues a muchas mujeres la experiencia ha enseñado
cómo el amor se paga al fin con sufrimiento;
yo quiero evitar ambos, así quedaré en paz."

Quiere Krimhilda en su alma quedar libre de amor.
Todavía así pasaron muchos días de la niña,
que no conoció a nadie a quien querer de esposo,
hasta que, al fin, un héroe con honores ganó.

Y éste era el mismo halcón que contempló en su sueño,
al que previó su madre una muerte temprana.
¡Qué premio tan sangriento a sus parientes dio ella!
¡Por la muerte de este hombre muchos hijos murieron!

INGLATERRA, FRANCIA Y ALEMANIA

Anónimo (siglos XII – XIII)
De *Carmina Burana*

FORTUNA, EMPERATRIZ DEL MUNDO

Oh, Fortuna,
cual la luna
que es sobre todo mudable
siempre creces
o decreces;
esta vida detestable
hoy es dura,
después cura
la mente, diestra en el juego;
la indigencia,
la potencia,
se funden cual hielo luego.

DANZA
Sobre el césped

El noble bosque florece,
hojas y flores remece.

¿Por qué mi amigo
no está conmigo?
¿Cabalgará?...
¿Quién me amará?

El bosque entero está en flor.
Languidezco por mi amor.

¿Por qué, si el bosque florece
mi amado desaparece?
Cabalgaba. ¿A dónde irá?
¿Quién ahora me amará?

Ven, ven, ven, amada mía,
te he esperado noche y día,
te he esperado noche y día,
ven, ven, ven, amada mía.

Labios dulces, cual la miel,
vengan, procuren mi bien,
vengan, procuren mi bien,
labios dulces, cual la miel.

Si el gran mundo fuese mío
desde la mar hasta el río,
renunciaría a sus lazos
si la reina de Inglaterra
reposara en mis brazos.

EN LA TABERNA

Algo me abraza por dentro,
una ira muy vehemente,
víctima de la amargura
le digo a mi propia mente:
estoy hecho de materia,
la ceniza es mi elemento;
soy semejante a una hoja
vuelta juguete del viento.
Mientras que lo propio es
de aquel hombre que es prudente,
sobre piedra edificar
donde su casa se asiente,
yo, pobre estúpido, soy
como un arroyo corriente,
sin jamás poder seguir
una ruta permanente.

Sin rumbo voy por la vida,
cual sin piloto una nave,
como en las sendas del aire
va errante al azar el ave;
no me sujetan cadenas,
no me retiene una llave;
yo busco a mis semejantes,
mi gusto es lo que deprave.

LA CORTE DE AMOR

Una muchachita estaba
como un capullo de rosa,
su cara estaba radiante,
su boca en flor, tan hermosa.
Eia.

A mi corazón lo cercan
muchedumbre de suspiros
a causa de tu belleza,
que gravemente hiere.
Mi adorada
no, no viene.

Tus ojos resplandecientes
son como el sol refulgentes,
o cual rayo que fulgura
y alumbra en la noche oscura.
Mi adorada
no, no viene.

Ven, ven, ven, ¿vas a venir?
por piedad: voy a morir;
¡De tu semblante el brillar,
de tus ojos el mirar,
tus trenzas y tu figura:
oh, qué bella eres, criatura!

Más roja aún que la rosa,
más blanca que el lirio, moza,
más bella que cualquier cosa,
tú serás mi gloria hermosa.

[Carmina Burana *es el nombre en latín de un conjunto
de poemas, en su mayor parte anónimos, compuestos
por ciertos monjes vagabundos e irreverentes autonombrados
los goliardos, que en la Baja Edad Media (siglos XII y XIII)
recorrían las poblaciones de lo que hoy son Inglaterra, Francia
y Alemania cantando y divirtiéndose.]*

ESPAÑA

Anónimo (c. 1140)
Del *Poema del Cid*

[El Cid entra en Burgos.]

Mío Cid Ruy Díaz, por Burgos entrove,
en su compañía sesenta pendones;
lo salen a ver mujeres y varones,
burgueses y burguesas, por las ventanas son,
llorando de los ojos, tanto habían el dolor.
De las sus bocas todos decían una razón:
"¡Dios, qué buen vasallo, si hubiese buen señor!

*[Nadie hospeda al Cid. Sólo una niña le dirige la palabra
para mandarle alejarse. El Cid se ve obligado a acampar
fuera de la población.]*

Convidarle habían de grado, más ninguno
      no osaba:
El rey don Alfonso tanto habíale gran saña.
Antes de la noche en Burgos de él entró su carta,
con gran recaudo y fuertemente sellada,
que a Mío Cid Ruy Díaz nadie diese posada,
y aquél que se la diese supiese esta palabra:
que perdería los haberes y más los ojos de la cara,
y aún demás los cuerpos y las almas.
Gran duelo había en las gentes cristianas;
Escóndense de Mío Cid y no osan decirle nada.
El Campeador se encaminó a su posada;
así como llegó a la puerta hallóla bien cerrada,
por miedo del rey Alfonso, que así lo pararan:
que si no la rompiera, que no la abrieran por nada.
Los de Mío Cid a altas voces llaman,
los de adentro no les quieren decir palabra.
Aguijó Mío Cid, a la puerta se llegaba,
sacó el pie del estribo, una herida le daba;
No se abre la puerta, pues bien era cerrada.

Una niña de nueve años a ojo se paraba:
"¡Ya Campeador, que bien ciñes la espada!
El rey lo ha vedado, anoche entró su carta,
con gran recaudo y fuertemente sellada.
No vos osaríamos abrir ni coger por nada,
si no, perderíamos los haberes y las casas,
y aún demás los ojos de las caras.
Cid, en el nuestro mal vos no ganades nada;
mas el Criador vos valga con sus virtudes santas."
Esto la niña dijo y regresó a su casa.
Ya lo ve el Cid que el rey no le tenía gracia.
Partióse de la puerta, por Burgos cabalgaba,
Llegó a Santa María, luego descabalgaba;
hincado de rodillas, de corazón rogaba.
La oración hecha, luego cabalgaba;
Salió por la puerta y arlazón pasaba.

Gonzalo de Berceo (primera mitad del siglo XIII)

INTRODUCCIÓN A LOS MILAGROS DE NUESTRA SEÑORA

Yo, maestro Gonzalo de Berceo nombrado,
yendo en romería me encontré en un prado
verde y bien fragante, de flores bien poblado,
lugar muy codiciable para un hombre cansado.

Daban olor sobrado las flores bien olientes,
refrescaban al hombre las caras y las mentes,
manaban cada canto fuentes claras corrientes,
en verano bien frías, en invierno calientes.

Había gran cantidad de buenas arboledas,
milgranos e higueras, peras y manzanedas,
y muchas otras frutas de diversas monedas;
pero no había ningunas podridas ni acedas.

La verdura del prado, el olor de las flores,
las sombras de los árboles de templados sabores
refrescáronme todo, y perdí los sudores:
podría vivir el hombre con aquellos olores.

Nunca encontré en el siglo lugar tan deleitoso,
ni sombra tan templada, ni olor tan sabroso.
Descargué mi ropita por yacer más gozoso,
reposeme a la sombra de un árbol hermoso.

Yaciendo a la sombra perdí todos cuidados,
oí sonidos de aves dulces y modulados:
nunca oyeron hombres órganos más templados,
ni que formar pudieran sones más acordados.

En el prado que os digo había otra bondad:
que por calor ni frío perdía su beldad,
siempre estaba verde en su integridad,
no perdía la verdura por ninguna tempestad.

Anónimo (c. 1215)

VIDA DE SANTA MARÍA EGIPCIACA

De la beldad de su figura
como dice la escritura,
antes que diga adelante,
diremos de su semblante:
de aquel tiempo que fue ella;
después no nació tan bella;
ni reina ni condesa,
no se vio tal como ésa.
La faz tenía colorada,
como la rosa cuando es granada;
boca chica por mesura,
muy hermosa la catadura.
Su cuello y su petrina (pecho)
tal como la flor de la espina.
De sus tetillas bien es sana:
tales son como manzana.
Brazos y cuerpo y todo lo demás
blanco es como el cristal.
En buena forma fue tajada,
ni era gorda ni muy delgada.
De su beldad dejemos estar
que no os la podría contar.
Contaros vos he de sus vestimentos,
y de sus ornamentos:
el peor día de la semana
no vestía paño de lana;
usa mucho oro y argento (plata)
bien se viste a su talento.
Nunca calzaba otras zapatas,
sino de cordobán entretalladas,
pintadas con oro y con plata,
cuerdas de seda con que las ata.

Alfonso X, el Sabio (1221 – 1284)
De las *Cantigas de Santa María*

BIEN VENGAS, MAYO
fragmento

Bien vengas, Mayo, y con alegría;
porque roguemos a Santa María
que a su hijo ruegue todavía,
que él nos guarde de error y folía[10].

Bien vengas Mayo, y con alegría…

Bien vengas Mayo, y con lealtad,
porque loemos y de gran bondad,
que por siempre haya de nos[11] piedad
y que nos guarde de toda maldad.

Bien vengas Mayo, y con alegría…

Bien vengas, Mayo, con muchas riquezas;
y nos roguemos a que por noblezas,
en sí muy grandes que nos dé tristezas,
guarde de penas y de las vilezas.

Bien vengas Mayo, y con alegría…

Bien vengas, Mayo, con buenos sabores,
y nos roguemos y demos loores,
para que siempre por nos pecadores
ruegue a Dios que nos guarde de dolores.

Bien vengas Mayo, y con alegría…

10. *Folía: locura.*
11. *Nos: nosotros.*

Bien vengas, Mayo, alegre, sin saña,
y nos roguemos sin ninguna maña
bien de su Hijo, que nos dé tamaña
fuerza, que salgan los moros de España.

Bien vengas Mayo, y con alegría…

Bien vengas, Mayo, con muchos ganados,
y nos roguemos a que los pecados
haz que nos sean de Dios perdonados,
que de su hijo nos haga privados[12].

Bien vengas Mayo, y con alegría…

Bien vengas, Mayo, con un buen verano,
y nos roguemos a la Virgen sano
que nos defienda del hombre villano,
del atrevido y de torpe inurbano.

Bien vengas Mayo, y con alegría…

Bien vengas, Mayo, con pan y con vino,
y nos roguemos a que Dios menino[13]
traiga entre sus brazos, que nos dé camino
 porque seamos con ella festino[14].

Bien vengas Mayo, y con alegría…

Bien vengas, Mayo, alegre y hermoso;
por eso a la Madre del Rey glorioso
roguemos nos guarde de lo que es dañoso,
del hombre que es falso y del mentiroso.

Bien vengas Mayo, y con alegría…

Bien vengas, Mayo, con buenos manjares,
y nos roguemos en nuestros cantares
a Santa Virgen, ante sus altares,
que nos defienda de grandes pesares.

[*En esta cantiga (composición poética destinada al canto),
el rey-poeta mezcla la bienvenida al mes primaveral
con peticiones a la Virgen.*]

12. *Privado: preferido.*
13. *Menino: niño, infante.*
14. *Festino: rápido, prontamente.*

Juan Ruiz, Arcipreste de Hita (c. 1280 – 1350)
Del *Libro Del Buen Amor*

DE LA PROPIEDAD QUE EL DINERO HA

Mucho hace el dinero, mucho es de amar:
al torpe hace bueno y hombre de prestar,
hace correr al cojo y al mudo hablar,
el que no tiene manos, dinero quiere agarrar.

Si es un hombre necio y rudo labrador,
los dineros lo hacen hidalgo y sabedor,
cuanto más algo tiene, tanto es de más valor;
el que no tiene dineros, no es de sí señor.

Si tuvieres dineros, tendrás consolación,
placer y alegría y del Papa ración,
comprarás paraíso, ganarás salvación:
donde hay muchos dineros, hay mucha bendición.

El dinero quebranta las cadenas dañosas,
tira cepos, grilletes, prisiones peligrosas;
al que no da dinero, échanle las esposas:
por todo el mundo hace cosas maravillosas.

Vi hacer maravillas al que de él mucho usaba:
muchos merecían muerte, y la vida les daba;
otros eran sin culpa, y luego los mataba:
muchas almas perdía, muchas almas salvaba.

Él hace caballeros de necios aldeanos,
condes y ricos hombres de algunos villanos;
con el dinero andan todos hombres lozanos,
cuantos son en el mundo, le besan hoy las manos.

En suma te lo digo, tómalo tú mejor:
el dinero, del mundo es gran revolvedor,
señor hace del siervo y del siervo señor,
toda cosa del siglo se hace por su amor.

DE LAS PROPIEDADES QUE LAS DUEÑAS CHICAS HAN

Quiero abreviaros la predicación,
que siempre me pagué de pequeño sermón
de dueña pequeña y de breve razón,
pues lo poco y bien dicho finca en el corazón.

En pequeña esmeralda hay gran resplandor,
en azúcar muy poca hay grande dulzor,
en la dueña pequeña hay muy grande amor,
pocas palabras cumplen al buen entendedor.

Es pequeño el grano de la buena pimienta,
pero más que la nuez conforta y calienta;
así dueña pequeña, si todo amor consienta,
no hay placer del mundo que ella no sienta.

Como en la chica rosa hay mucho color,
en oro muy poco gran precio y gran valor;
como en poco bálsamo yace gran buen olor,
así en dueña chica yace muy gran sabor.

Como rubí pequeño tiene mucha bondad,
color, virtud y aprecio y noble claridad,
así, dueña pequeña tiene mucha beldad,
hermosura, donaire, amor y lealtad.

Chica es la calandria y chico el ruiseñor,
pero más dulce canta que otra ave mayor;
la mujer que es chica, por eso es mejor,
con halago es más dulce que azúcar y flor.

Son aves pequeñuelas papagayo y orior[15]
pero cualquiera de ellas es dulce gritador,
adornada, hermosa, preciada cantador:
de ese modo es la dueña pequeña con amor.

De la mujer pequeña no hay comparación,
terrenal paraíso es y gran consolación,
solaz y alegría, placer y bendición,
mejor es en la prueba que en la salutación.

Siempre quise mujer chica más que grande
    o mayor,
no es desaguisado del gran mal ser huidor;
del mal, tomar lo menos, dícelo el sabedor,
por ende de las mujeres la mejor es la menor.

15. Orior: *pájaro de color rojo, enemigo del cuervo; oropéndola.*

CANTIGA EN HONOR DE SANTA MARÍA

Quiero seguir a ti, flor de las flores,
siempre decir cantar de tus loores;
no me partir de te servir,
mejor de las mejores.

Gran confianza tengo en ti, Señora,
mi esperanza en ti es a toda hora;
de tribulanza sin tardanza,
venme a librar ahora.

Virgen muy santa, yo paso atribulado,
pena tanta, con dolor atormentado,
y me espanta angustia tanta
que veo mal pecado.

Estrella de la mar, puerto de holgura,
de dolor cumplido y de tristura,
venme a librar y confortar,
Señora, de la altura.

Nunca fallece tu merced cumplida,
siempre guareces de penas y das vida;
nunca perece ni se entristece
quien de ti no se olvida.

Sem Tob (mediados del siglo XIV)

EL VALOR DE LAS COSAS

Por nacer en espino
la rosa, yo no siento
que pierde, ni el buen vino
por salir del sarmiento.
Ni vale el halcón menos
porque en vil nido siga,
ni los ejemplos buenos
porque judío los diga.

ELOGIO DEL LIBRO

En el mundo tal caudal
no hay como el saber:
más que heredar vale,
ni tesoro ni haber.
El saber es la gloria
de Dios y señorío:
tal joya ni averío,
ni mejor compañía
que el libro, ni tal;
tomar gran porfía
con él, más que la paz vale.

Cuanto más va tomando
con el libro porfía,
tanto irá ganando
buen saber toda vía.
Los sabios que querría
ver, ahí los hallará
en él y toda vía
con ellos hablará:
los sabios muy loados
que hombre deseaba,
filósofos honrados
que ver los codiciaba.

Lo de aquellos sabios
él codicia tenía,
y de sus labios
oír sabiduría,
allí lo hallará,
en el libro firmado,
y respuesta tendrá
de ellos por su dictado.

Si quiero, en leer
sus letras y sus versos,
mas sé que no por ver
sus carnes y sus huesos.
Su ciencia muy pura
escrita la dejaron,
sin ninguna envoltura
corporal la sumaron.
Por esto quiere
todo hombre de cordura
a los sabios ver,
no por su figura.
Por ende tal amigo
no hay como el libro:
para los sabios, digo,
que con los torpes no hay libro.

[Poeta judío-español, llamado el Rabí don Sem Tob,
que traducido literalmente equivale a maestro don Buen
Nombre; fue un filósofo insigne y uno de los poetas más célebres
de su tiempo. Sem Tob es el primero que trasplantó
a la literatura española el influjo de la cultura hebrea.]

PARA REALIZAR ESTA OBRA
SE EMPLEARON TRADUCCIONES DE:

José Vicente Anaya, Carlos Areán, José María Arguedas, Agustín Bartra,
Rubén Bonifaz Nuño, Rafael Cansinos Asséns, Ernesto Cardenal,
Luis Cardoza y Aragón, Ernestina de Champourcín, Agustín Esclasans,
Juan Ferraté, Joaquín García Bravo, Emilio García Gómez, Carlos García Gual,
Ángel María Garibay, José Gibert, Robert Graves, José Ignacio Guerra,
Chen Guojian, Tarsicio Herrera Zapién, Marcela de Juan, Luis Lerate,
Miguel León-Portilla, Carmen Liaño, Alberto Manzano, José Luis Martínez,
Antonio Mediz Bolio, Juan Miguel de Mora, Diego Navarro, Marianne Oeste de Bopp,
José Emilio Pacheco, Octavio Paz, Ezra Pound, Adrián Recinos,
Casiodoro de Reina, Javier Roca, Teresa. E. Rodhe, Guillermo Rousset Banda,
Sebastián Salazar Bondy, Francisco Serrano, José Juan Tablada, Fernado Tola,
Juan Valera, Cipriano de Valera, Paola Vianello de Córdoba y Gabriel Zaid.

BIBLIOGRAFÍA MÍNIMA

Anónimo, *Beowulf y otros poemas épicos antiguos germánicos,* traducción de Luis Lerate, Seix Barral, Barcelona, 1974.

Anónimo, *Poema del Cid,* versión moderna de Alfonso Reyes, Espasa-Calpe Mexicana, México, 1980.

Anónimo, *El cantar de los Nibelungos,* traducción de Marianne Oeste de Bopp, Porrúa, México, 1975.

Anónimo, *El cantar de Roldán,* versión de Felipe Teixidor, Editorial Porrúa, México, 1999.

Anónimo, *Popol Vuh, Las antiguas historias del Quiché,* traducción de Adrán Recinos, Fondo de Cultura Económica (FCE), México, Buenos Aires, 1952.

Arcipreste de Hita, *Libro de Buen Amor,* versión moderna de Amancio Bolaño, Editorial Porrúa, México, 1975.

– – *Biblia de Jersulén,* Desclee de Brouwer, Bilbao, 1976.

Ferraté, Juan, *Líricos griegos arcaicos,* Seix Barral, Barcelona, 1968.

García Gómez, Emilio, *Las jatchas romances de la serie árabe en su marco,* Seix Barral, Barcelona, 1975.

García Gómez, Emilio, *El mejor Ben Quzmán en 40 zéjeles,* Alianza Editorial, Madrid, 1980.

García Gual, Carlos, *Antología de la poesía lírica griega (siglos VII-IV a. C.),* Alianza Editorial, Madrid, 1980.

Garibay K., Ángel María, *Poesía Náhuatl,* 3 tomos, UNAM, México, 1993.

Garibay K., Ángel María, *Voces de Oriente,* Porrúa, México, 1976.

Hesiodo, *Los trabajos y los días,* versión de Paola Vianello de Córdova, UNAM, México, 1979.

Homero, *Ilíada,* versión de Rubén Bonifaz Nuño, UNAM, México, 1996.

Horacio, *Odas,* traducción de Javier Roca, Lumen, Barcelona, 1975.

Ibn Hazm de Córdoba, *El collar de la paloma,* versión de Emilio García Gómez, Alianza Editorial, Madrid, 1967.

Jayadeva, *Gita Govinda,* traducción de Fernando Tola, Editorial Sudamericana, Buenos Aires, 1971.

Khayyam, Omar, *Rubaiyyat,* traducción de José Gibert y Diego Navarro, Distribuciones Fontamara, México, 1997.

León Portilla, Miguel, *Los antiguos mexicanos a través de sus crónicas y cantares,* FCE, México, 1961.

– – *Trece poetas del mundo azteca,* UNAM, 1967.

Libro de Chilam Balam de Chumayel, traducción de Antonio Mediz Bolio, UNAM, México, 1973.

Li Po, *Copa en mano pregunto a la luna,* poemas, traducción de Chen Guojian, El Colegio de México, México, 1982.

Martínez, José Luis, *El mundo antiguo,* 6 tomos, Secretaría de Educación Pública, México, 1976.

Montes de Oca, Francisco, *Ocho siglos de poesía en lengua española,* Porrúa, México, 1976.

Propercio, *Elegías,* versión de Rubén Bonifaz Nuño, UNAM, México, 1974.

– – *Rabinal-Achí, El Varón de Rabinal,* traducción de Luis Cardoza y Aragón, Porrúa, México 1975.

– – *El Rig Veda,* traducción de Juan Miguel de Mora, Diana, México, 1974.

Rohde, Teresa E., *La India literaria,* Porrúa, México, 1977.

Serrano, Francisco, *Los clásicos de la literatura,* versiones para estudiantes, 6 volúmenes, Secretaría de Educación Pública / Fernández Editores, México, 1979.

Ovidio, *Las tristes,* versión de José Quiñones Melgoza, UNAM, México, 1974.

Ovidio, *Metamorfosis,* versión de Rubén Bonifaz Nuño, UNAM, México, 1980.

Virgilio, *Geórgicas,* versión de Rubén Bonifaz Nuño, UNAM, México, 1963.

Virgilio, *La Eneida,* versión de Rubén Bonifaz Nuño, UNAM, México, 1972.

Yalal al-Din Rúmi, *Poemas sufíes,* versión de Alberto Manzano, Hiperión, Madrid, 1988.

Zaid, Gabriel, *Canciones de Vidyapati,* Latitudes, México, 1978.

10/06.   5   6/04
12|08   6   11/07
2/10   6   11/07
12/12 (7) 5/10
4/15   (7) 5/10

El TOMO I de

Lecturas de Poesía Clásica

De Mesopotamia a la Edad Media

se imprimió durante el mes de octubre
del año 2000, en los talleres de
Expertos en Imagen Impresa y Multimedia S. A. de C. V.
Tlaxcala 17, Barrio de Sn. Francisco, Magdalena Contreras.
El tiraje fue de 3 000 ejemplares